U0891111

仓颉，中国汉字原始象形文字的创造者

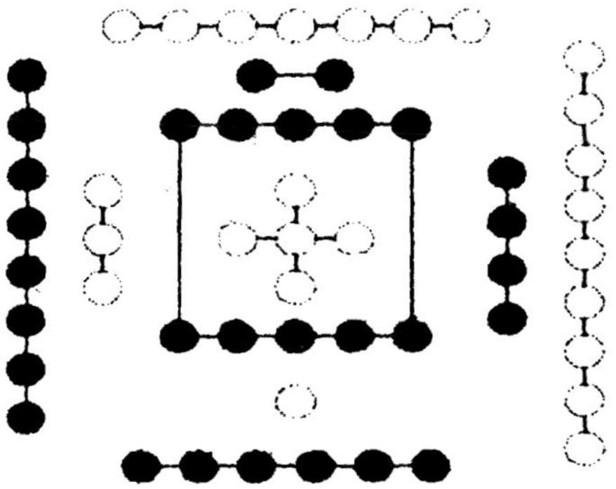

河图

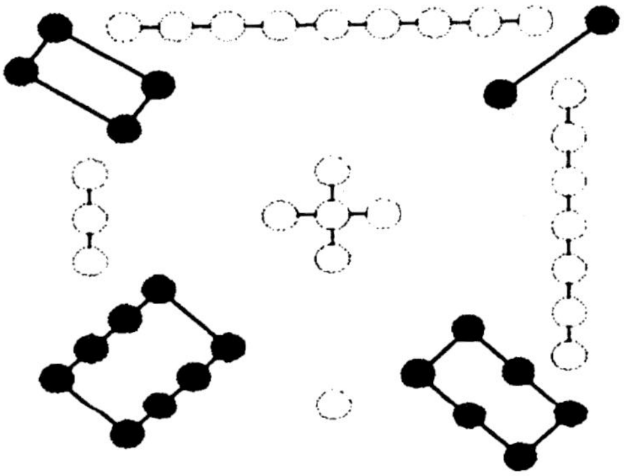

洛书

河图、洛书是远古时代流传下来的两幅神秘图案，与宇宙奥秘有关，为中华文化之源，也是汉字起源的众多传说之一

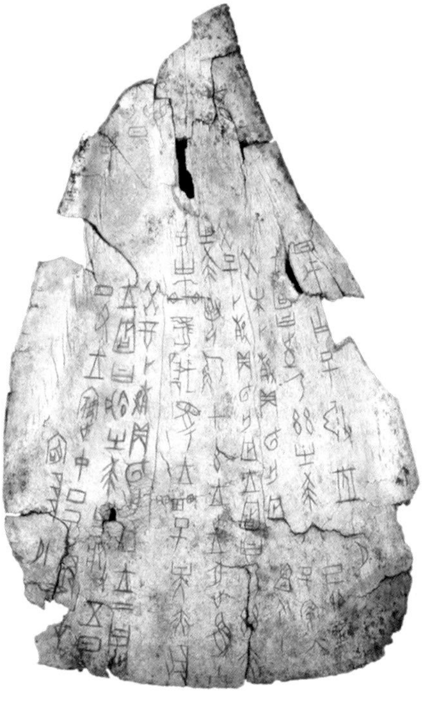

甲骨文

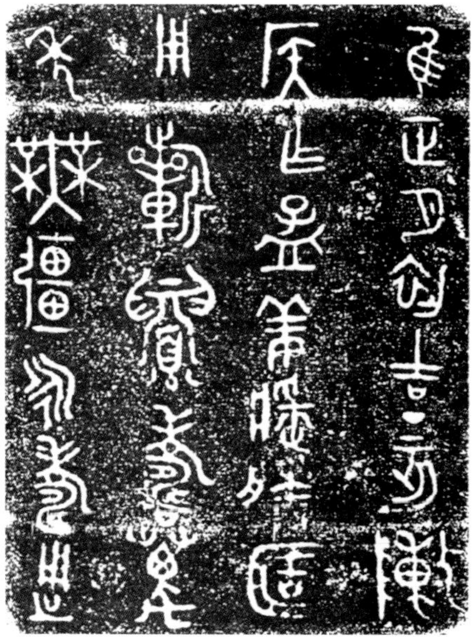

金文

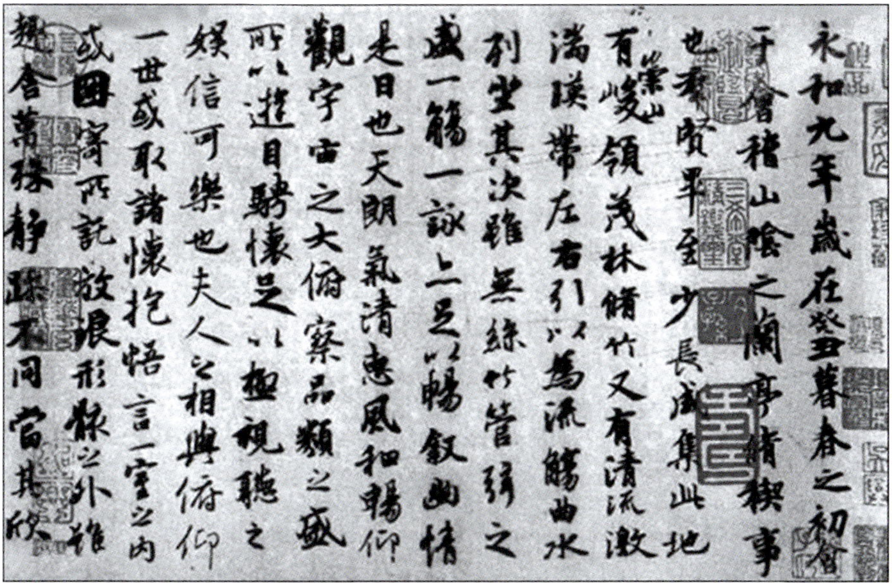

行书

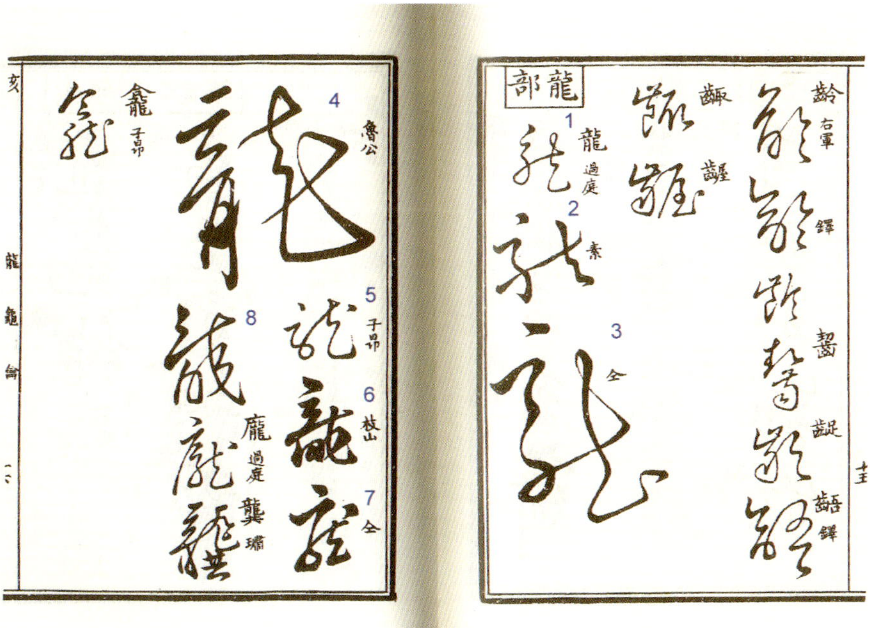

龙字草书

“男”字的演变

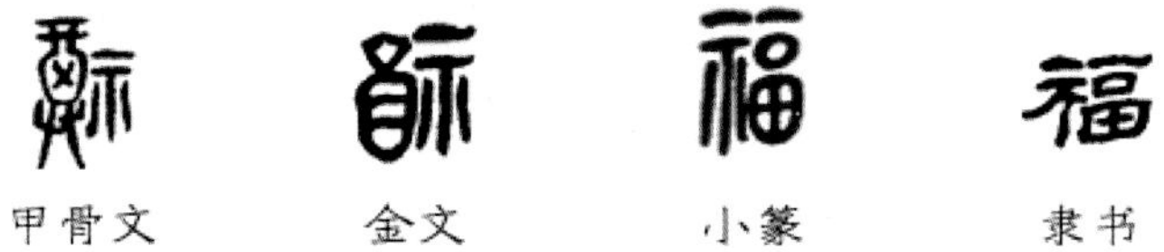

“福”字的演变

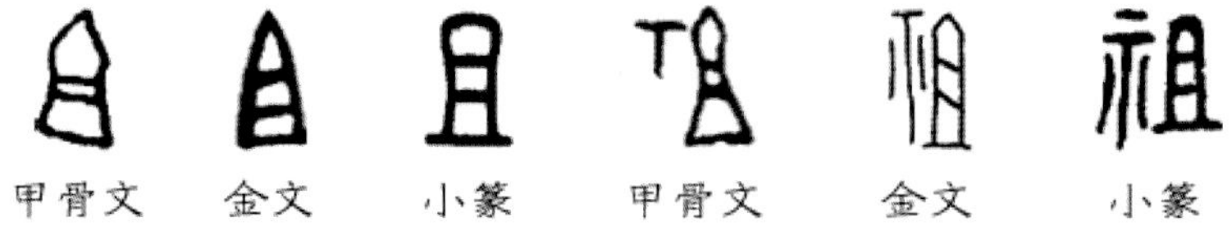

“祖”字的演变

“取”字的演变

东周古铜器具上的中国古代文字

西周青铜器上的文字

16世纪装饰拉丁文字母

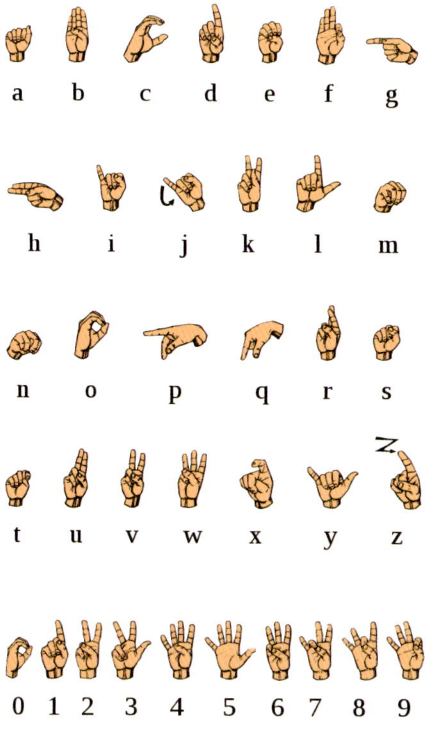

盲人手语字母

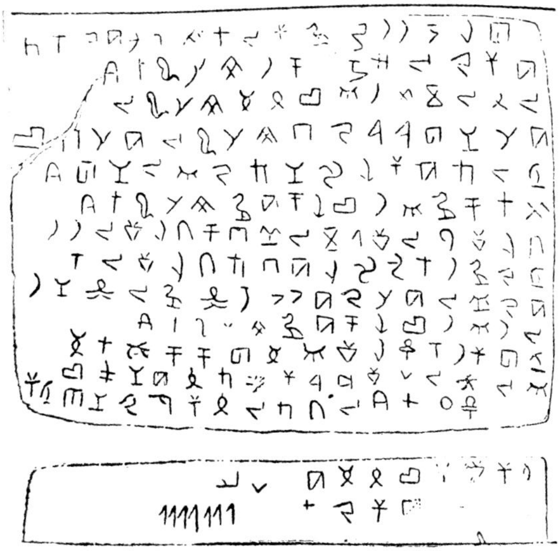

腓尼基文字

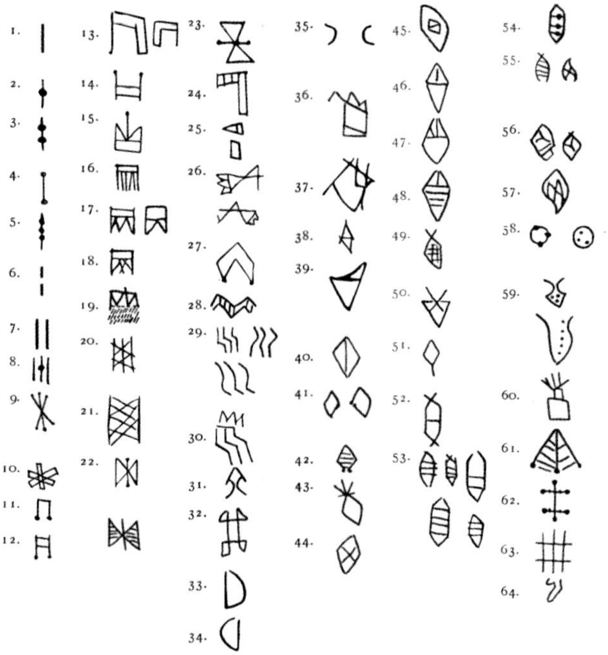

已知的线性埃兰语字符列表

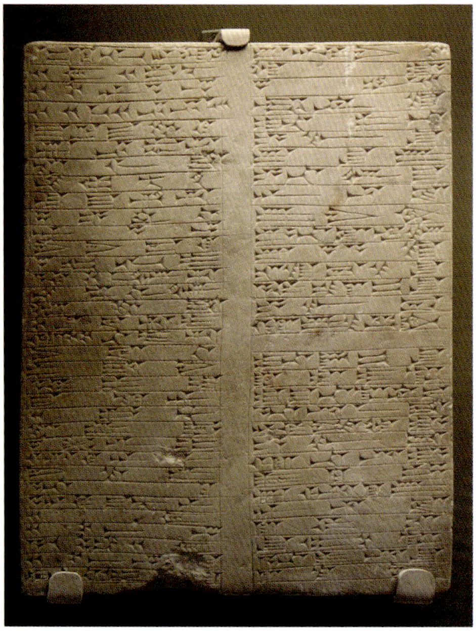

亚述楔形文字

商朝晚期青铜器字符，甲骨文字和现代汉字的比较

人类文字简史

[英] 爱德华·克劳德 著
周挺 译

華文出版社
SINO-CULTURE PRESS

图书在版编目（CIP）数据

人类文字简史 / (英) 爱德华 · 克劳德(Edward Clodd)著 ; 周挺译. -- 北京 : 华文出版社,2021.9

ISBN 978-7-5075-5471-7

Ⅰ. ①人… Ⅱ. ①爱… ②周… Ⅲ. ①文字—历史—世界 Ⅳ. ①H02

中国版本图书馆CIP数据核字(2021)第135359号

人类文字简史

RENLEI WENZI JIANSHI

著　　者：[英] 爱德华 · 克劳德
译　　者：周　挺
责任编辑：潘　婕　赵子涵
出版发行：华文出版社
社　　址：北京市西城区广安门外大街305号8区2号楼
邮政编码：100055
网　　址：http://www.hwcbs.com.cn
电　　话：总 编 室 010-58336239　　发 行 部 010-58336267　58336230
责任编辑 010-58336218
经　　销：新华书店
印　　刷：北京柯蓝博泰印务有限公司
开　　本：710 × 960　1/16
印　　张：正文11.5　插页0.5
字　　数：141千字
版　　次：2021年9月第1版
印　　次：2021年9月第1次印刷
书　　号：ISBN 978-7-5075-5471-7
定　　价：49.80元

版权所有　侵权必究

译者序

无论是刻在石碑、贝壳、骨头上，还是画在树皮、岩壁、叶子上，文字自诞生以来，一直伴随着人类文明的成长。人类似乎天生就有一种利用简单或是复杂的文字符号和图像表达情感、彼此沟通的能力。

《人类文字简史》为人类文字历史研究的简明读本，内容涉及古埃及文字、古巴比伦文字、古希腊文字、东亚文字等文字体系。本书内容详实且专业，适合人类学、文字学、考古学和语言学研究者阅读，同时也可以作为一本科普类图书供普通读者参阅。本书图文并茂，便于读者理解。

尽管本书具有极高的科研价值和阅读价值，但由于种种客观条件限制，在译校方面不能做到尽善尽美，恳请读者朋友理解。

首先，由于作者爱德华·克劳德（1840—1930）是一位西方人士，英国作家、人类学家、民俗学家、银行家，与诸多文学和科学界的人士结交，是达尔文著作的早起信奉者。他对东亚语言的研究和熟悉程度受到一定制约，且他的认知受到其写作的历史时期和人类对世界的整体认知水平所限，书中对中文汉字和日文的论断存在一些认识错误。译者与编辑老师从专业角度出发，决定保留原文，但在文中添加注解。

其次，原作多处引注存在作品名、出版社名、出版年份等文献引用信息缺失，且很多信息难以核查，译者为保持译文内容与原著一致，翻译时未加注原作品缺失的信息。

最后，由于作者写作时，相关古代文字符号并未全部破译，部分文字符号的解释缺失或存在疑问，作者在编写本书时在相关文字符号解释后标有问号，以示该解释当前存疑。

不过，总的来说，这本书中的瑕疵并不影响本书的内容价值和可阅读性，敬请广大读者以批判性的眼光阅读。

前　言

这本小书作为英语学科中卡农·艾萨克·泰勒（Canon Isaac Taylor）的“字母的历史”领域内的唯一著作，包含大量技术细节，即使对于文字学专业的学生来说，阅读起来也是有难度的。本书纵然不够完美，无法弥补该领域的不足，但也能填补某些空白。此外，这本书十分宝贵且不可或缺，它对文字艺术的原始阶段做了简短的描述，这对于追溯文字艺术的发展至关重要，使得文字艺术在人类文明的总体演变中的地位变得清晰起来。因此，我在接下来的内容中会讲述该学科这个分支的重要性。

卡农·艾萨克·泰勒在其最近再版的著作中，并没有提及弗林德斯·皮特里教授（Professor Flinders Petrie）与阿瑟·J.埃文斯先生（Mr. Arthur J. Evans）在埃及和克里特岛搜集到的重要资料，这些资料最终彻底改变了我们的字母与其他字母起源的旧理论。这就为专家们提出了一个需要解决的大问题。在此，我必须呈现新证据，突出其重要性，这样读者才不会被带入矛盾氛围之中，也不会被文本中的脚注以及引自专家的参考文献分散注意力。

爱德华·克劳德

写于美国宾夕法尼亚州的罗斯蒙特，

卡尔顿路19号，塔夫内尔公园北区

目录

卷首图　印第安部落向美国国会递交的一份请愿书

第一章
概述

“我们总对熟悉的事物视若无睹”，如果当今一万名读者中有一名停下来询问我们称之为“字母”的常规符号的历史是什么，那么或许就会产生疑问。字母通过位置的变化，组成了英语综合词典中10万多个单词。

马克思·穆勒（Max Müller）教授说，“通过将23或24个字母以各种可能的方式组合起来，我们或许能造出世界上任意一种语言中使用的每一个单词。以23个字母作为基础，可以组成25,852,016,738,884,976,640,000个单词；以24个字母作为基础，则可以组成620,448,401,733,239,439,360,000个单词”，但是，正如教授提醒我们的那样，单词的力量稍后才会变得明显，“这些万亿、十亿、百万种声音都不是单词，因为它们缺少最重要的要素，也就是使一个单词成为一个单词的要素，即它们能表达不同的意义，以及在不同的语言中有不同的表达方式”。（《语言讲座》，第二章，第81页）

这些单词就像它们所代表的听觉图像一样，在分析中揭示出了一个最有趣的故事。已故的特伦奇大主教（Archbishop Trench）在他的著作《单词研究》中，将单词比喻为“化石历史”以及“化石诗歌与化石伦理”。我在此举一个新例子，多多少少与我们的主题有点儿关系，“book（书）”这个单词可能源自盎格鲁-撒克逊语中的“boc”一词，这个词的意思是一种山毛榉（beech），这种树的树皮是一种用于雕刻文字的物质。与此类似，单词“library（图书馆）”和“libel（发表文字诽谤某人）”都源自拉丁语“liber”，这个词的意思是一种用于造纸的树的内树皮或外树皮。每个人都知道，“paper”这个单词保留了埃及用纸莎草[①]（papyrus reed）的木髓制造书写材料的一段历史，纸莎草的使用要追溯到远古时代，后文将会提及这一点。纸莎草的传统名字“biblos”衍生出了“bible（《圣经》）”一词。“code（密码、代码、法典）”一词是从拉丁文“codex”演变而来，意思是“一种树的树干”；“letters”来自法语词汇“lettre”，而“lettre”又是从拉丁文“lino”“litum”演变而来的，意为“涂抹、乱画”或“乱抹”，这是一种早期的书写方式，在涂了蜡的石板上雕刻文字。“tablet（平板）”是小型的“table（桌子）”，来自拉丁文“tabula”，指的是一种“板子”以及一种叫作“stylus”的古代书写工具，这个变化过程说明了作者在表达观点的方式中对语言的应用从具体到抽象的过程。我们说他有“style（风格、文体、文风）”就像说“他妙笔生辉[②]”。“pen（钢笔）”这个单词源自拉丁文“penna”，意为“羽毛”。词组“lapsus calami”，意为“笔误（a slip of the pen）”，保留了“芦苇（拉丁文calamus）”

① 作者的意思是“paper”这个词源自“papyrus”，即埃及用于造纸的原材料纸莎草。——译者注（此后未特别标明注者的，均为译者注，不再另行说明）

② 原文为“He wields an able pen”。

这个单词。“quill（翎、羽管笔）”来自古英语“quylle”，意思也是一种芦苇。但金属钢笔的历史比我们猜测的更为悠久，因为华德斯坦博士（Dr. Waldstein）在爱琴海埃维亚岛的埃雷特里亚找到了一个公元前3世纪的古墓，里面有一支金属钢笔，切割方式与现代的金属钢笔十分相似。“volume”来自拉丁文“volumen”，意思是“一卷”，从这里我们可以看出，这是古代书籍的常规形式，在“Rolls of Court（卷宗）”“Master of the Rolls（案卷主事官）”等词中还能见到这一古老形式。从字面上看，“diploma”一词是将一张纸折两次的意思，它来自希腊语“diploō”，意思是“折叠”。“diplomacy[①]”和“duplicity[②]”的意思都是“加倍、重复”，我在这里不再继续讨论类似单词的意义。这个清单也许可以无限延伸下去，最后一个例子，普林尼说过一个可疑的故事，“parchment（羊皮纸）”是从小亚细亚的一个小镇帕迦穆斯（Pergamus）传来的，那儿的人已经开始普遍使用皮革，因为托勒密五世[③]（前205—前185）禁止从埃及出口纸莎草。

现在我们通过单词看到了它们的起源，以及其从旧形式演变至今的拼写与意义变化的历史，这也揭示了支配着我们选择它们的原因，因此组成它们的字母见证了相似的发展规则。这本小书的目的在于帮助我们努力从它们之中汲取故事，虽然这些故事已经残缺不全，不完美与丢失的章节永远也无法复原，但是足够多的材料被保存了下来，拼凑出一个人类心智在其所能完成的某一项最困难的任务中取得胜利的故事。如果这项任务没有

① 意为手腕、策略、外交。

② 意为两重性、欺骗。

③ 埃及托勒密王朝的国王。

完成，它就不能在最高意义上获得超过一定限度的进展。我在这里说“在最高意义上”，是因为人类在不会读写前已经走了很长一段路。读与写在人类与同伴交流时不是必需的，人类取得其他方面的进步也完全不需要它们。一个文盲也许能成为一位成功的园林艺术家、一位技艺熟练的工程师、一位成功的农民或商人，也可以通过很多方式发家致富，前提是他的生活目标是“仅仅靠面包活下去”。确实，大量关于人类过去的智力与精神的记录，在很长时间里都是以传统的口头形式保留下来的。但这种大量的记录有一个局限，时间和反复无常都会对它造成严重的破坏。在人类依赖书籍之前，记忆作为一种古老的记录方式的容量是很大的，但并不是绝对可靠的，并且，随着世界知识储备的增加，记忆也不可能“将自己的谷仓拆掉，然后建造一个更大的地方容纳它自身”。几乎无法想象，我们只要假设，如果没有任何手段可以用来记录这个世界上过去发生的各种错综复杂的事件，就可以设想现在我们的智力会多么的贫乏。我们只要假设，没有任何可以与远方的朋友交流的媒介，或者现在人与人之间没有能够记录下无数复杂的交易以及“记录下”每笔交易的媒介，那么你就能意识到，我们的社会生活将会陷入多么令人绝望的混乱。所有无法重复的记忆都将是一个绝对的空白，过去留下的那些没有日期和题词的纪念碑只会加深黑暗，我们将永远无法获知上代人的努力和思索，我们无疑会无可挽回地失去从最初猜测到最终确信的所有科学的观察和经验，生活只能“勉强糊口”，我们只是一群有知觉的生物，生活在一个停滞的世界，这是多么悲惨。若不是流浪的吟游诗人反复吟唱，东西方的伟大史诗必定会消亡，历代不朽的文学作品也将不复存在。单单是文字的发明就使得人类从野蛮走向文明成为可能，并确保了人类的持续进步。只有通过不断完善，经历缓慢前进和以一部“不能违背”的经典作为行为标准的阶段，过去才会像现在一样传神与真实。在为绅士与普通人积累与保存世界的知识财富方面，“笔比剑更有力量”，“人类所有渴望之物都无法与之相比”。

虽然这些思考司空见惯，但未必完全没有必要，举一两个说明文字符号在原始人的头脑中留下印象的例子，也许能帮助我们更好地理解，如果没有文字符号我们将会变成什么样。威廉·马利纳（William Mariner）在大约90年前出版了一本书，叙述他在汤加群岛的冒险经历，他在书中讲述了自己从失事的太子港号轮船的残骸中逃离时有多么焦虑。他和其他一些英国人被海浪冲到岸边，这促使他开始写作，他用火药和一点儿植物的黏液当墨水，写了一封信，委托一个友好的当地人交给可能会在汤加群岛停靠的任意一艘轮船的船长。汤加群岛的国王菲诺听说了这件事，拿到了这封信，但他完全看不懂信上的内容。于是，他便威胁与马利纳同船的一位水手，若是他翻译不出来信上的神秘符号，就将他处死。这位船员只好照办。即使有了翻译，国王还是对这些神秘符号十分不解，于是遣人找来马利纳，命令他写下其他的一些文字，当马利纳询问写些什么主题时，国王说，“写我”。马利纳依言行事后，国王又遣人找来另一位水手，他大声地读出了国王的名字，结果国王变得更加困惑，惊叫道：“这不像我，我的双腿去哪儿了？”之后，国王慢慢明白过来，写出作者和译者都看见过的东西是有可能的。但当马利纳告诉他，还可以将别人告诉他的、他从未见过的任何人或者发生在很久之前或是很远的地方的事件描述出来时，他又感到困惑了。于是，菲诺国王将汤加群岛上一任国王汤古·阿户的名字悄悄告诉了马利纳，据马利纳所知，他有一只眼睛失明了。当马利纳将这些信息写下来之后，国王让人读给他听，马利纳在他的书中这样解释道，“在世界上的一些地方，信息通过同样的媒介被传送到很远的地方，当信息被折叠和封闭起来时，传递信息之人根本不知道信息的内容，整个民族的历史就这样被保存下来，代代相传，而不会遭到破坏。菲诺承认这是一项杰出的发明，但又补充道，它对汤加群岛不适用，只会引发骚乱和阴谋，也许再过一个月，他都无法保证自己能否活下来。不过，他开玩笑道，他希望自己能识字，也希望所有的女人都能识字，这样就能降低和她们做爱时被人发现的风险，以免遭到她们丈夫的报复。”（《汤加群岛》，马利纳著，第二章第116页，1827年版）《史密森尼报告》（1864年）中叙述了一个印第安人的故事。一个传教士派这个印第安人将四块面包给他的同事送去，还让他带上一封信，信中说明了面包的数量。印第安人偷吃了一块面包，这事自然被发现了。第二次，印第安人又被派去做类似的事情，他依然偷吃了面包，但这次，他在偷吃前将信藏到了一块石头下面，以为这样信就无法揭发他偷吃的行为了！

原始人的想法大体上互相关联，而刚刚列举的例子都与人们认为文字具有黑魔法或白魔法的效力这一被广泛传播的信念有关，他们相信文字可以治愈疾病，除此之外，还可作为符咒—— 一种在很大程度上把文字的来源归于众神的传说的信念——传说本身就是无知的产物与神秘事物之母。在一篇亚述人①的铭文中，萨尔丹那帕勒斯五世②说楔形文字或楔状文字是尼波神对其皇室祖先的启示，对于埃及人来说，透特③是神的抄写员，他们最古老的文字形式被认为是“神授的”。中国传说认为，文字是由长着

① 主要生活在两河流域的闪米特族中的一支，在西亚生活了将近4000年。

② 古代亚述国王。

③ 古埃及神话中的智慧之神。

龙脸和四只眼睛的圣人仓颉发明的，仓颉看到天上的星星、鸟的脚印和龟背上的纹理，便根据这些形象创造了文字。在这项发明中，“天为雨粟,鬼为夜哭,龙乃潜藏”[①]。在整个天界中为仓颉而设的所有祭坛上，凡写有文字的纸都要焚毁，以示对他的纪念。在印度教传说中，印度三位一体的最高神梵天（Brahma）给予了人类关于文字的知识，而写就圣书的字母那格利（Nagari）被认为是“属于众神之城”的文字。传说中还提到，我们可以在男人头骨的锯齿状骨缝中看见梵天的笔迹。正如耶和华用手指写下“十诫”一样，梵天也用手指将《吠陀经》刻在了金箔之上。文化英雄卡德摩斯[②]（Cadmus）将字母从腓尼基引入希腊的故事众所周知；而在爱尔兰传说中，大家都认为是盖尔人的大力神奥格米欧斯（Ogmios）发明了文字。但也许人们不太熟悉的是，在北欧传奇中，奥丁被认为是北欧古代文字的发明者：

> 如果你要成为芸芸众生中
> 勇敢、聪慧且拥有最正派的灵魂的人，
> 你就要掌握具有思想的文字。
> 宣布这些文字，
> 第一次雕刻这些文字，
> 第一次用这些文字打动人心。
>
> ——奥丁

① 《春秋纬元命苞》。

② 希腊神话中的英雄，传说中将腓尼基字母传入希腊的人。

在全世界范围内都有这样的例子，人们相信口头语言是有力量的，特别是还会将其作为咒语使用；而关于人们相信文字或图像符号的力量的例子也不在少数。来自神圣文字的神秘公式和文本有着十分重要的作用，人们认为犹太教的经文匣子与额头上护身符的效力就取决于它们上面的文字；阿比西尼亚人佩戴的护身符上刻有神的神秘名字，人们将其用于躲避恶魔的目光和驱赶恶魔。

土耳其人和阿拉伯人将《古兰经》的经文密封在袋子里，挂在马身上，以保护它们免受恶魔伤害；那不勒斯人将他们对圣母玛利亚祈祷的经文放进刻有符咒的盒子里随身佩戴；甚至在不久之前（事实上，迷信长期存在，类似的习俗在整个欧洲流传至今），苏格兰高地上的居民生病时还会用《圣经》的书页扇风治病。

在哈登教授（Professor Haddon）所著的既具启发性又有娱乐性的书籍《艺术的进化》〔由H.沃恩·史蒂文斯先生（Mr. H. Vaughan Stevens）制作，A.格林威德尔先生（Mr. A. Griinwedel）担任编辑〕中，他提到了一系列有价值的观察，即在东马六甲的塞芒部落中，人们将图画文字作为预防疾病和有毒动物蜇咬的符咒使用。妇女佩戴竹子制成的梳子，上面画有花朵或花朵的一部分图案，人们认为这样可以治疗发烧和其他肉眼看不见的疾病；对于受伤和伤口的处理，比如，从丛林中的树枝上摔下或被蜈蚣咬伤，则有其他治疗方法。塞芒的巫士在竹竿上雕刻了许多（他们认为）有魔力的方法，沃恩·史蒂文斯先生在书中展示了一幅治疗蝎子和蜈蚣蜇咬的插图（图1）与一幅治疗一种皮肤病的插图（图2）。

图1描绘了一只大眼斑雉，其中像轮子一样的图案代表大眼斑雉尾羽上的眼睛状斑纹。左边是一只橙色的蜈蚣，它的头部正对着大眼斑雉的尾

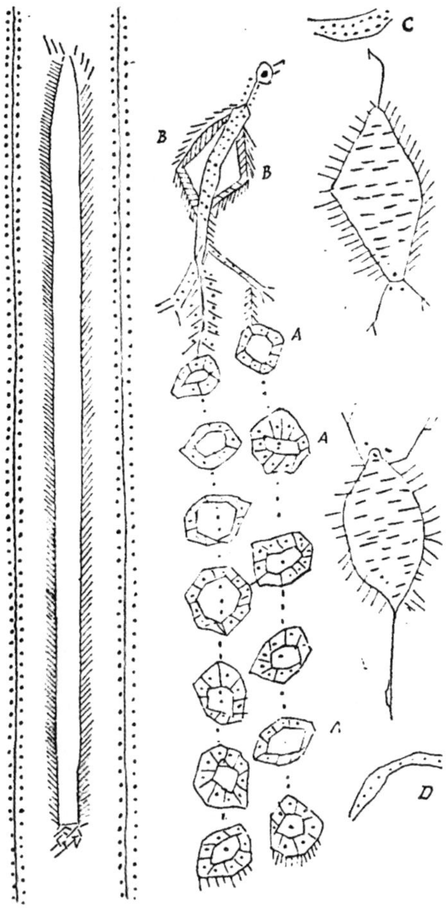

图1　具有魔力的图画文字，用于治疗蝎子和蜈蚣蜇咬

巴。蜈蚣四周的点状虚线是它在人的皮肤上留下的痕迹。大眼斑雉的另一边是两只蓝色的蝎子，它们尾巴末端的图形代表被它们蜇过的人身上的肿块。这些蝎子中雌性的毒性比雄性大。据说，被雌蝎子蜇了的刺痛感是雄蝎子的两倍，上面那只蝎子尾巴末端的两排圆点就指示了这一点。“由于大眼斑雉以蜈蚣和蝎子为食，所以这种竹子的意义在于，通过用它敲打地面来治愈蜈蚣和蝎子的蜇咬之伤。”

另一个例子展示了一个更加复杂和传统的装置，它被设计成对抗两种皮肤病的符咒，一种用鱼鳞图形表示患了麻风病后皮肤上的白色溃烂，另一种用椭圆图形表示皮肤上和皮肤下的硬结。图2中一排排的图形表示身体受影响的几个部位，图形变多则表示如果不加以治疗，疾病会扩散。尽管我们还不清楚这种符咒的应用方式，但毫无疑问，对其功效的信念属于交感巫术这一大类别之下的原始思想，即原始人或不识字的人认为，表面上相像的事情具有相同的性质。其结果是，通过对属性是个体的事物，或者更确切地说，通过对个体的形象或肖像施加近似的效果，就能对个体本身产生效果。这足以说明

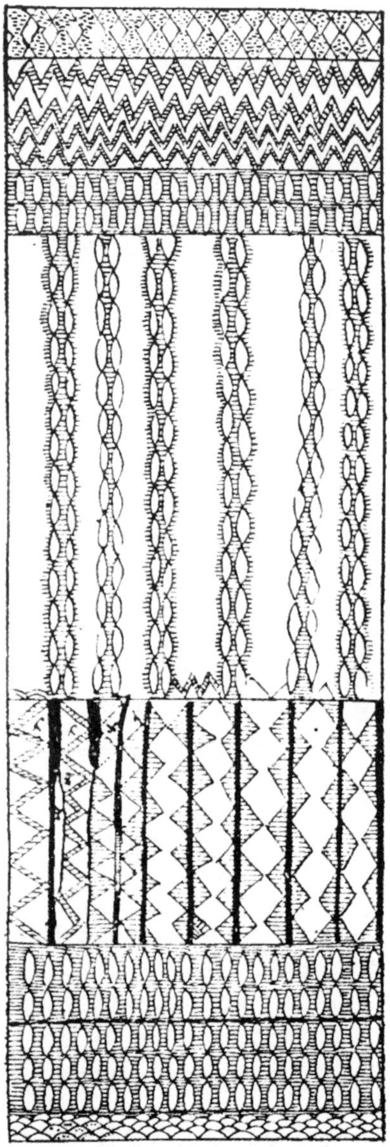

图2　用于治疗皮肤病的神奇的图画文字

“交感巫术”之中我们最熟悉的例子，即用蜡、黏土或其他材料制作一个人的形象。如果蜡熔化了，或者黏土在流动的水中溶解了，则表示这个人可能就会日渐衰弱，或者死亡。我们从德文郡[①]和苏格兰高地到北美洲和婆罗洲[②]的文明人和原始人中都可以找到类似的例子。

事物之所以神秘，就在于它们的起源和起因具有未知性。在大量插图中，有少数描绘了信仰和习俗，这引发了我们的思考。如果文字仍然为某个社会阶级或等级所独占，那么它将仍然是奴役他人的工具，而非解放思想的工具。“知识就是力量”，一些人将任何能够确保自己拥有和保留对人民的控制权的事物攥在手里，尤其是身为牧师的人，从医生到教皇都是权威武器的持有者，当这种武器看不见也摸不着的时候就更可怕了。在当时的环境中，符号不适用，根本不可能在日常使用，此外，人

① 英国英格兰西南部的一个郡。

② 一般指东南亚的加里曼丹岛，属于印度尼西亚、马来西亚和文莱。

们还需要花费大量的时间和精力才能掌握它们的用法，只有进行最大限度的简化，它们才能被大多数人使用，才能成为知识传播的媒介。在我们中间，学习本身作为一种不平等的工具长期存在，这种现象是多么可怕和严重。“神职人员的特权”直到1827年才得以完全废除的事实就揭示了这种现象，这一点也是平民权力与神职权力之间由来已久的矛盾的诸多证据之一。爱德华一世[①]在位时通过的法律扩大了世俗法庭中刑事犯罪审判的豁免范围，不仅将豁免范围扩大到了教会人士，还扩大到了所有识字的人。一个被判处死刑的犯人可能会被教区的主教认作牧师，然后犯人就会被带到法官面前，法官会给犯人一本拉丁语的《圣经》，让他读出其中的一两节文字。如果法官最终宣判“Legit ut clericus”，即“他读得像位牧师”，那么对他的惩罚就只是在他的一只手上烙一个印记，然后将他释放。

① 金雀花王朝的第五位英格兰国王（1272—1307年在位）。

第二章
字母表的起源

无须更多引入，我们可以开门见山地讲述本书的主要意图，即对文明世界中的字母在变成最终的形式之前所经历的各个阶段展开详细叙述。正如人类用智慧创造和靠灵巧的双手使用其他事物一样，我们在这里也能看到发展的规律在起作用。在追寻人类和那些与人类在生理和心理上关系最为密切的动物之间根本差异的线索时，我们将人类描述为工具的制造者、使用火者和善于表达者等。但是随着观察和比较的深入，我们发现有一点越来越明显，即这些差异只是程度上的，并不是本质上的。我已经在这一系列著作的前几本书中总结过了支持这一观点的某些证据，所以在这本书中，我有充足的理由说，这是人类根据大自然的提示创造的艺术，如火的使用和图像符号的制作，人类模仿的本能在其间发挥了重要的作用，而一些低等动物也拥有这种本能，这就将人类与其他动物之间的比较限制在了材料上，而人类在这方面的水平比其他动物略高一筹。但这是人类通过不断进化达到的结果。

在这个“故事”中，我们从人类作为符号的发明者开始讲起。史前遗迹证明，早在远古时代，人类就拥有艺术创作能力，他们在我们面前快速有力地勾勒出了远古人类的生活和周围的环境。驯鹿时期的原始猎人用尖锐的燧石片在骨头、角片岩和其他材料的碎片上刻画了近似自己的形象与自己追逐的野生动物的形象。在法国、比利时和西欧其他地区发掘的旧石器时代的岩洞中，人们从洞穴地面上发现了粗糙的蚀刻画，画面描绘了强壮的裸体男人向野马挥舞长矛，或者匍匐在地上向原牛或野牛抑或长毛象投掷武器。长毛象的肖像画是旧石器时代艺术中最著名的例子之一，画面展示了这种生物毛茸茸的耳朵、长长的毛发和向上弯曲的獠牙。

这里让我们停下来说说，人类从低级文化过渡到高级文化的迹象明显缺失，这导致了一种假说，即在欧洲西北部生活的人类和其他地区的人类出现了巨大的差异。学术界一直以来都秉持一个理论，即旧石器时代和新石器时代之间是完全分隔开的，但在能够驳斥“史前时期没有人居住”的证据出现之前，这种理论就消失了。接下来的时期也是如此。我们没有正当的理由认为，一个种族的完全消失会为另一个种族的移民开辟出一片广阔的土地。现代考古研究正在为北欧和南欧之间的原始艺术建立联系，而且我们将会看到，把它们与地中海东部的原始艺术建立起联系是非常重要的。这样的例子一定是罕见的，因为只有刻在一些耐用材料上的象形图画（pictographs）或是雕塑艺术的标本才能在时间的流逝中幸存下来。但让人高兴的是，它们虽然不常见，却也分布广泛。除了之前已经提过的岩洞蚀刻画之外，还有丹麦的岩画以及滨海阿尔卑斯山脉的石灰岩峭壁上的图案；阿齐尔的山洞里有一些奇怪的图形符号，使人联想到原始文字中的眼睛；更有趣的“也许是古代斯拉夫人在卡塔罗湾一个峡湾中的一个神圣洞穴里的一块突出的岩石上画的”动物和字形，或者说是类似万字符的图案（万字符是一个象征太阳的符号）。亚瑟·埃文斯先生在他的论文《原始象形图画》（《古希腊研究期刊》第十四期第二章，1894年出版）中提及了前述的第三个例子，也许他还加上了一些意味深长的评论。“当我们回想起古代民族在‘驯鹿时期’的洞穴中的骨头和象牙的雕刻中遗留下的自发的艺术性时，这一证据表明地中海北部海岸的原始艺术至少有部分的延续性，这说明我们最感兴趣的推测是正确的。在新石器时代文明中，人类有了可以应用的新元素，物质上虽沉闷但也更为高级，它或许是使得欧洲成为已知最早的人类艺术（而非单纯的工具与机械装置）家园的古老院校，最终却再次在最多古迹遗留的南部地区得到了解放。在古老的时期和多变的政治条件下，后来希腊和意大利的人民表现出了非凡的艺术天赋，经过在地下漫长的一波三折之后，溪流重现天日，但我们无法追溯它们中哪一条曾见过早期世界的天光。”（《英国协会人类学分会的会长报告》，《自然》杂志，1896年10月1日）

由于在全世界所有地方，处于同一文化阶段的人类几乎是相同的，所以，虽然我们之前在欧洲发现的例子很少，但可以用现存的原始民族中发现的图形艺术标本来补偿。也许很大一部分图形艺术标本是没有意义的，但象形图画是字母的根源，因此如果根据一些我们已追溯过起源的例子加以解释，也许可以证明探险家小心地从岩石和其他绘画上誊下来的复制品是非常有价值的。塔斯马尼亚人[①]被人类学家视为最接近旧石器时代人类的民族，自从他们灭绝之后，澳大利亚人在某些方面就一直处于社会最底层，尽管澳大利亚人的社会组织具有独创性，这一点让我们犹豫，他们是否真的位于人类社会最底层。但正如复制品所示（图3和图3a），他们在艺术上的尝试逊色于史前洞穴居民生动的设计。

图3 土著居民在岩石上雕刻的图案（澳大利亚）

① 澳大利亚塔斯马尼亚岛的土著居民，旧石器时代晚期，其祖先经美拉尼西亚迁至该地。1803年英国殖民者侵入时约有6000人，19世纪20年代在英国殖民者发动的围剿中遭到屠杀，1835年仅剩200多人，被囚于弗林德斯岛。1876年最后一名纯正血统的塔斯马尼亚人死去。现存者皆为混血后裔。

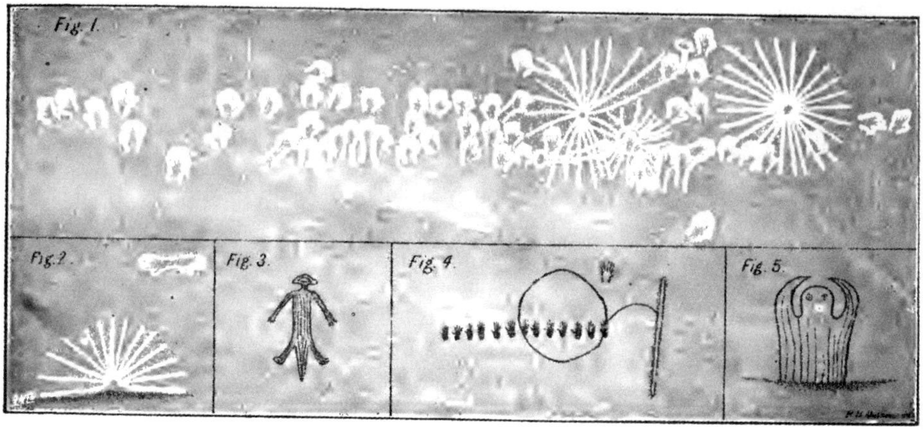

图3a 土著居民在岩石上绘制的画面（澳大利亚）

R.H.马修斯先生（Mr. R. H. Mathews）对岩石绘画和雕刻进行了大量调查，他认为，“岩石绘画和雕刻是相互依存的，所以缺乏多样性；用模板印出来的手以及用各种颜色描绘出的人和动物的轮廓似乎遍布整个大陆”。他还补充道：“尽管在搜集到更多信息之前，最好不要试图建议人们说明这些土著居民的成批绘画蕴含的意义……然而，如果我们知道那些绘画，比如，在世界上各个地方、各个时代的未开化的国家中的那些绘画被人发现是充满意义的，那么最终我们期望绘制和雕刻在整个澳大利亚的岩石上的奇怪图形全都被翻译出来就是一件合理的事情了。也许这些图像中有一些是以表意的方式展现部落的历史，某些组合图案也许是在描绘一些传说，许多动物可能代表图腾，很有可能这些图像中很大一部分是当时的人们出于消遣和娱乐的目的制作出来的。”（《人类学会期刊》，第22期，第二卷，第153页）在斯宾塞先生和吉能先生出版的《澳大利亚中部的土著部落》中，他们把岩石绘画分成两个系列，普通系列以及与图腾有关的系列，后者是在那些禁止女性、儿童和未成年男性接近的地方发现的岩石绘画，它们都与自然对象有关，不论该对象是生物或是非生物，都被部落视为自己的祖先。这些图腾图形被称为护身符依尔吉尼亚（当地对神圣物品的通用称谓），经常以螺旋和同心圆的形式出现，其他的则是图腾本身的肖像，低级一些的比如蜈蚣或巫蛴螬。

南非的岩砂洞穴表面经常覆盖着布须曼人（非洲大陆南部的土著人种的代表）的手工绘画（图4、图4a和图4b）。他们展示出来的技巧比澳大利亚土著居民更为先进，通常用黑色或棕红色描绘狩猎和其他冒险活动，这些活动构成了布须曼人的生活日常。

图4　布须曼人的绘画

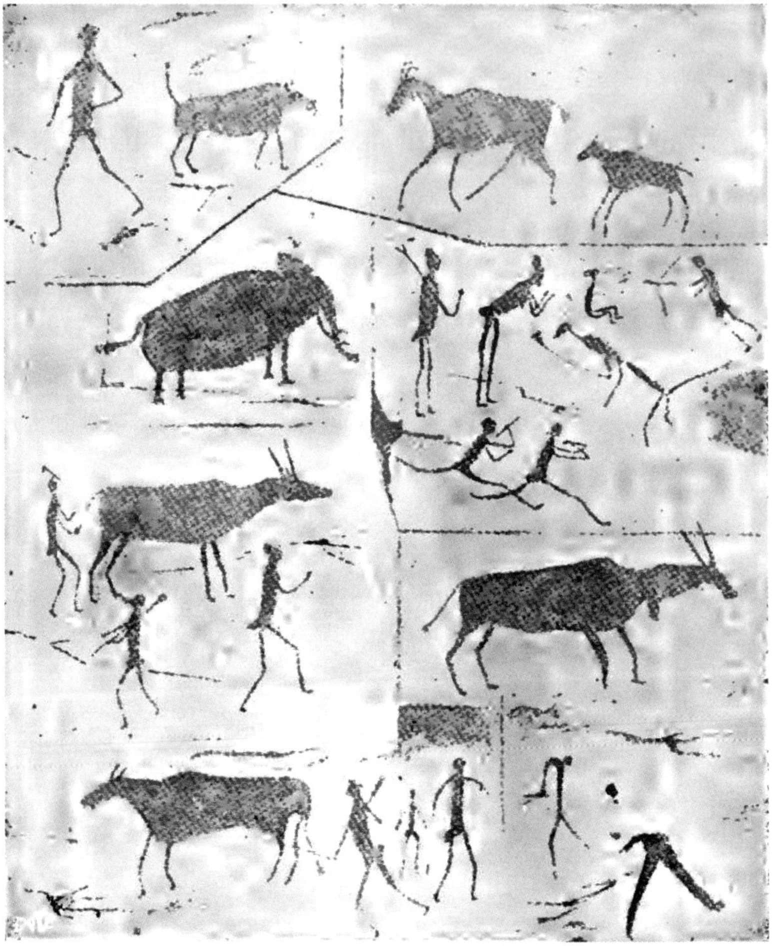

图4a　布须曼人的绘画

一些画接近漫画，用一位观察者的话来说，另一些则“看得出是真实的人物肖像。似乎非常注意描绘头饰、羽毛、珠子、流苏等装饰，而在更优秀的绘画中，我们能看到绘者精确地认识到了绘画对象的真实外观，并且很好地表现出了透视和比例”。（马克·哈金森（Mark Hutchinson）著，《人类学会期刊》第14期，第464页）

图4b　布须曼人的岩石雕刻标本

图4c　在阿尔及利亚发现的岩石上的雕刻画[①]

放到现在，这些人也许会被视为堕落的民族，因为当其他食物匮乏时，他们便以蜥蜴、蝗虫和植物的根茎为生，但他们却拥有丰富的传说和民俗。图5似乎描绘了他们对“交感巫术”的信仰，如果像猜测的那样，那么它就代表着为了降雨而将河马或其他两栖动物拖到陆地上。提拉雷半岛上的塞芒人则使用一种用竹子做的降雨符咒（图6），他们用斜线描绘风带来的阵雨。在许多其他例子中，既有高层次文化也有低层次文化的身影。有一个古罗马的例子是这样的，当地有一个习俗，只要将谷精的肖像扔进台伯河中，谷物就有可能会被雨淋湿。为了说明迷信的持续存在，让

① 原著正文中未解释此图，作者旨在将其与布须曼人的岩石雕刻画对照。

我们来看一段对1899年俄罗斯遭受严重旱灾的描述："在布谷利马地区的另一个村庄中，一些农民打开了一个最近刚被埋葬的农民的坟墓，然后把水浇在他的尸体上，他们相信这是带来降雨的最佳手段。"（《每日纪事报》，1899年8月24日）新世界有大量古代遗迹，它们往往装饰有象征性的符号，但从圭亚那①到新斯科舍②，以及向西一直到落基山脉的漂砾③和悬崖峭壁上的象形文字比这些符号更为古老。有些象形文字被刻入坚硬的石头中深达半英寸④，另一些则是用赭红色或其他颜色的粗线条勾勒出来，它们饱经风霜，是远古时代的见证者。要解释古人将它们刻在岩石上的目的并不容易，但我们知道字母的萌芽就潜藏其中。

图5　布须曼人的祈雨符咒

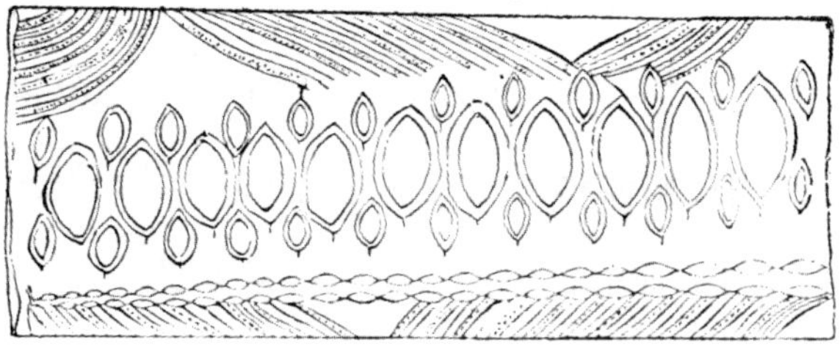

图6　塞芒人的祈雨符咒

① 全称圭亚那合作共和国，位于南美洲北部。

② 加拿大东南部的一个省。

③ 被冰川带到别处的大小不一的石块。

④ 1英寸=2.54厘米。

斯库尔克拉夫特曾将苏必利尔湖[①]岸边一块岩石表面上的画（图6a）复制下来并对其加以解释，画面记录了由一位著名的印第安酋长麦因根（意为狼）率领的一支探险队穿越苏必利尔湖的场景。

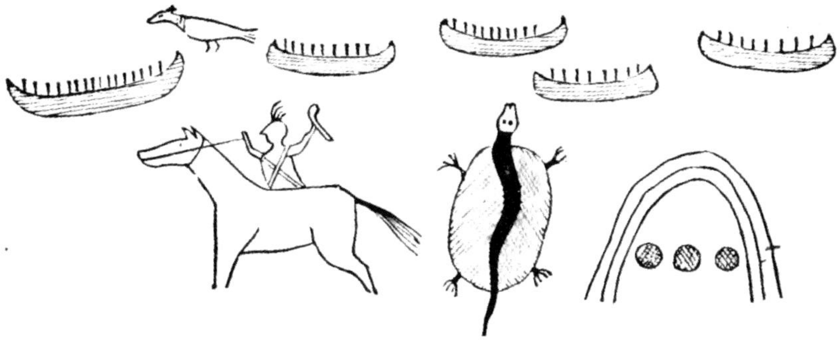

图6a　探险记录

每艘独木舟上一系列直立的船桨表示船员。麦因根最重要的盟友——“翠鸟”基什科马努斯在第一艘独木舟上。拱形与三个圆圈（天空之下的三个太阳）表明那次航行用了三天时间。乌龟（在北美洲的图画文字中是常用的代表“陆地”的符号）似乎证实了探险队最终登上了陆地，而这张骑着马的图片则证明了这次探险发生在马被引进加拿大之后。其中还有一些不那么容易解释的例子描绘了部落的迁移，有一些是象征性的边界符号，像夸瓦瓦克（意为“接近鹰的地方”）边境附近鹰的雕刻画，而有一些则是方向标记。有的符号尺寸与真人一样，周身散发出辐射线或者长着角；其中有一幅画，雕刻在一块能俯瞰田纳西州的大哈珀斯河的岩石之上，描绘了一个远在4英里[②]之外都能看见的太阳。毫无疑问，这类例子中

① 位于美国和加拿大的边境，世界上面积最大的淡水湖。

② 1英里≈1.609千米。

有很多（图6b）都只是人类原始艺术想象的结果，正如我们所看到的，这种想象从史前时代起就不断地被人们表现出来。

图6b　各种风格的人类形态

第三章
记忆辅助工具和图画文字

构成我们字母系统的印刷字母或音标大约有2500年的历史。我们称之为“罗马字母”，这是正确的，因为它们确实来自意大利。它们与15世纪著名印刷商的活字只有些许差别，这些活字是仿造400年前美丽的“小写字母”（因为尺寸小一些而得名）手稿制作的。小写字母是一种弯曲的字母的手写形式，这种弯曲的字母被称为安色尔字体（来自拉丁文“uncia”，意为“1英寸”或来自拉丁语“uncus”，意为“弯曲的”），长约1英寸，起源于奥古斯都[①]时代的罗马字母。我们现在使用的罗马大写字母“与公元前3世纪罗马使用的字母几乎完全相同。例如，我们现在在梵蒂冈的珍宝之一——西庇阿家族[②]墓地著名的铭文中就可以看到当时罗马使用的字母。同

① 即盖乌斯・屋大维・奥古斯都（前63—14），罗马帝国的第一位元首，统治罗马长达40年。

② 罗马共和国的一个家族，属于科尔内利乌斯氏族的一个分支，在200年的时间里，西庇阿家族出了30位执政官，家族著名人物有大西庇阿和小西庇阿。

样，它们与现存最早的拉丁文字标本中使用的字母形式（可能要追溯到公元前5世纪末期）也没有什么实质性的区别。这样看来，我们的英语字母似乎是伟大的拉丁字母家族中的一员，它的使用范围最初就在或者几乎就在西罗马帝国的疆域之内，后来随着古代其他民族纷纷臣服于西罗马帝国，英语字母的使用也就慢慢扩展到这些民族之中”。（《字母表的历史》，卡农·艾萨克·泰勒著，第一卷，第71页）

这样我们就指出了字母表的年龄，稍后也许可以再来谈论它的直系血统，现在先让我们来探讨一下所有字母在被缩写之前的原始形式，以及将它们当作替代物的一些原始手段。

回顾这一发展经历的漫长时期，便可看出四个明显的阶段。虽然就像人类历史的任何其他时期一样，这四个阶段没有真正的分界线。就像地图绘制者在地图上标出明显的经纬线是出于方便的目的，我们划分四个阶段的目的也是为了研究的方便。这四个阶段分别是：

a．帮助记忆，或者说是辅助记忆的工具阶段。相隔遥远的人之间使用一些有形的物体来交流或记录信息及传递信息。正如我们后来看到的，它接近于符号，确实，它也促进了符号阶段的来临。

b．图画文字阶段。人们绘制出了事物的图像，只要看一眼就知道它讲述的故事是什么。

c．表意文字阶段。图像变得具有代表性，即图像转化为符号。

d．图像成为一个表音文字或表示声音的符号。表音文字可能是：①文字符号，即整个单词的声音符号；②音节符号，即音节的声音符号；③字母符号，即每个字母的声音符号。

我们来概述一下b、c、d阶段：

在b阶段，用视觉图像符号来表示事物；

在c阶段，用视觉图像符号来表示名称；

在d阶段，用视觉图像符号来表示声音。

在从c阶段到d阶段的过程中，人们选择用固定的符号来代表固定的声音，保证了人类的进步。因为只有这样，才有可能将一切具有持久价值的事物保存下来。

a. 帮助记忆的工具阶段。

“基普[①]”或打结的绳子，以及贝壳串珠或用贝壳装饰的腰带都是这一阶段很好的代表。基普（图7）历史悠久，罗马天主教徒的祈祷念珠、我们在手绢上打的用来帮助记忆的结以及水手的计程绳上都有它的影子。希罗多德[②]告诉我们，当大流士[③]命令爱奥尼亚人[④]留下来守卫伊斯特河上的浮桥时，他“在一根皮绳上打了60个结，说道：‘爱奥尼亚的男人们……你们拿着这根皮绳，按我说的做：一旦你们看见我进攻塞西亚人[⑤]，从那个时候开始，你们就一天打开一个结；如果解开所有结之后我还没回到这里，那么你们就坐船回自己的国家去吧。’”。（第四卷，第98页）这种便捷的方式在世界各地应用十分广泛，其中，古代秘鲁人的运用形式更为精致，“基普”一词就是从他们的语言中借来的。基普包含一根主绳，在主绳上

① 原文为qui pu，意为古秘鲁的结绳文字、结绳语。

② 希罗多德（约前480—前425），古希腊作家、历史学家，被尊称为“历史之父”，著有《历史》一书，该书为西方文学史上第一部完整流传下来的散文作品。

③ 大流士（前550—前485），即大流士大帝，公元前521—前485年为波斯阿契美尼德帝国的国王。

④ 古希腊民族中重要的一支。

⑤ 具有伊朗血统的一支游牧民族。

每隔一定的距离分别系上不同颜色的细绳，出于特殊目的，每根细绳的打结方式各不相同，每种颜色都有自己独特的意义。红色代表士兵，黄色代表黄金，白色代表白银，绿色代表谷物等，一个结表示10，两个结表示20，双结代表100，两个双结代表200。这种简单的装置有许多用途。

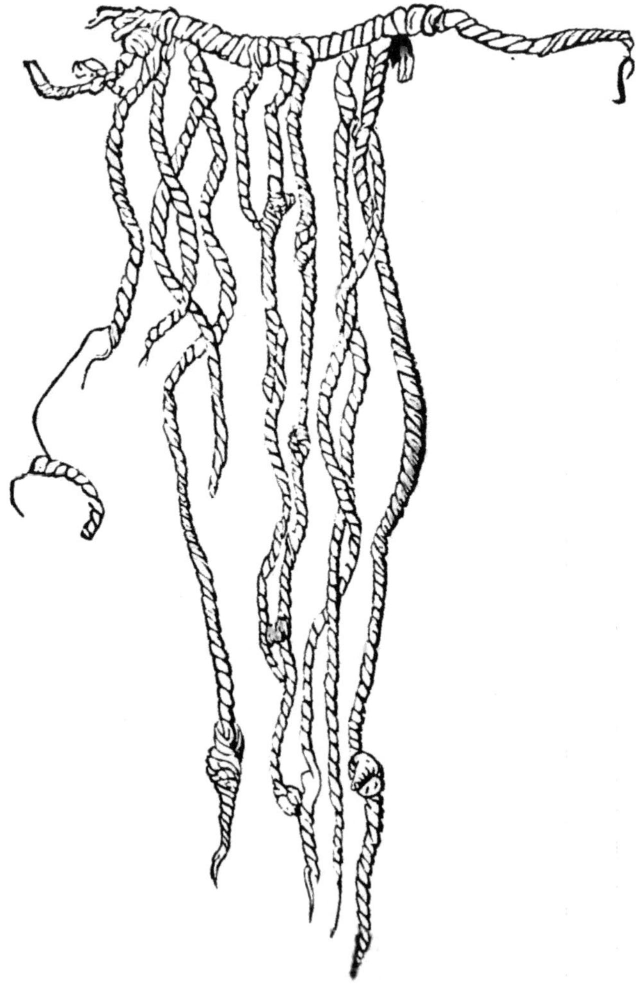

图7　基普，被用于计算等用途

除了便于计算之外，它们还被用来记录印加帝国[1]的年鉴，向边远省份下达命令，登记军队的资料，甚至被用于保存死者的记录，绳结通常会与死者一同被埋葬，就像在古埃及，人们会用象形文字说明死者的生平或头衔，并将其存放在坟墓里。E.B.泰勒博士引用约翰·雅各布·凡·楚迪所著的《秘鲁》一书中的内容时提道，每个城镇都有自己的官员，他们的特殊职责是打绳结和翻译绳结的意思。他们被称作绳结官，然而尽管在工作中掌握了娴熟的技巧，但如果没有口头解说的帮助，他们几乎无法读懂绳结。如果有人从遥远的外地赶来，就有必要通知他查阅人口统计、进贡、战争等问题。通过不断实践，他们完善了这个系统，以便能够用绳结记录王国中最重要的事件，制定法律和法令。虽然如今有人试图解读基普，但这些努力都是徒劳的。泰勒博士补充道，现在秘鲁南部仍然生活着印第安人，“他们非常熟悉从古代保存下来的某些历史上的绳结文字，但他们保留着这些知识的秘密，特别是不对白人透露”。（《人类早期历史》第160页）生活在秘鲁高原上的草原牧民们就使用这种绳结计算方法。他们用基普的第一股绳子记录公牛的数量，第二股记录母牛的数量，又将母牛分成能产奶的和不能产奶的两种。之后的几股绳子则用来记录小牛的数量，接下来的一股用来记录绵羊的数量，以此类推，其他的绳子则记录产量。不同颜色的绳子和不同的绳结分别有着不同的重要作用。加利福尼亚的帕洛尼印第安人也有类似的做法。关于这一点，霍夫曼博士曾发表过报道，他说每年都有一定数量的人被选中，要到圣盖博的村落去售卖他们当地产的毛毯。“每一个送来货物的印第安人都会给售货员两根用头发或羊毛缠绕

① 11世纪至16世纪美洲的古老帝国。

在一起的绳子，售货员每收到1个雷亚尔[1]就在一根绳子上打一个结，每卖出一条毛毯就在另一根绳子上打一个结。当总数达到10个雷亚尔或1美元时，就打一个双结。当售货员回来后，每个人都从一堆货物里找到自己的货物，这样他就能立即知道自己应得的金额，以及售货员卖出的毛毯数量。”西非的阿德拉土著则使用小绳子，绳子上的每个结都代表不同的意义；耶布斯人将各种物品缠到绳子上，用来表示不同的含义，面对面放置的贝壳代表友谊，一支箭则代表战争等。在澳大利亚土著发明出著名的“信息棒”之后，其他部落也紧随其后。我们发现墨西哥的祖尼人使用的是一种更为先进的计算方式，还在北美印第安人中发现了一种更为原始的计算形式。我在此就不再赘述了，下面让我们穿越太平洋：在旅途中，我们注意到夏威夷的收税人用长达四五百英寻[2]的绳索将全岛可征税的财产都登记下来。不同形状、大小和颜色的绳结、环和簇表示不同的地区，通过标记来确定每个居民要缴纳的税款，这些标记与现在规定的标记拥有相同的符号，而划分出这么多种类则是为了避免混淆。中国一本神圣的历史书籍《尚书》记载了在文字发明之前绳结的使用方法。绳结的数量和间距是传统的记忆方法，也是帝国的档案，直到后来被文字取代。传说在绳子上打结的行为最早可追溯到约公元前2800年，那时，伏羲发明了8个符号，同时这些打结的绳子的图形则被用来表示象征的对象。这些类似摩斯电码的符号如下图。

另一个中国传说认为，“最古老的文字形式是540个字符，由绳结和8

① 1993年巴西发行的新货币。

② 英美制计量水深的单位，1英寻等于6英尺，合1.828米。

个符号[①]组合而成，为不同状态下的鸟爪形态，而这540个字符都是发明者受到沙滩上的鸟爪印的启发后发明的”。埃及人的象形文字中就描绘了对绳环或绳结的使用，而在非洲大陆的其他部落中，现在的耶布斯人就证明了这种原始记忆术的存在。从美拉尼西亚到福尔摩沙[②]，绳结就像澳大利亚和非洲的信息棒一样，是人类与同伴之间的沟通工具。在红印第安人[③]和伦敦的驳船上都可以找到一种相似的记录，即他们用9道划痕表示9，一道较长的划痕贯穿这9道划痕，表示10，这是一种十进制的计算方式。同样的目的也揭示了20世纪以来，英

（C.加德纳，《民族学会杂志》，1870年，第二卷，第5页）

---

① 图中八个符号，对应中国传统文化中的八卦，从上到下分别为：乾、兑、离、震、巽、坎、艮、坤。因原作者理解及表达的不同，从中文翻译为英文的符号对应文字与中文理解有些不同，如乾为天，坤为地；有些则不太容易理解，甚至把“离”对应“水”，而在中国八卦中，“离”一般对应“火”。

② 音译自拉丁文及葡萄牙文“Formosa”，意为“美丽”。15世纪以来，葡萄牙人在全球开辟新航线后，世界上许多地方便以福尔摩沙命名，遍布欧洲、非洲、北美洲、南美洲、亚洲和大洋洲。

③ 16-17世纪，本土部落贝奥图克人居住在美洲大陆上。他们有一个独特的习俗，即每年都会用红赭石将身体涂成红色，作为春天的庆祝活动的一部分。他们还会用红赭石将武器、独木舟、房屋和日常使用的各种东西涂成红色。当欧洲人来到美洲，与贝奥图克人接触，他们就因后者使用红赭石而将其称作“红印第安人”，这个名字后来成为所有美洲本土部落的统称。但美洲土著并不喜欢这个称呼，因为他们认为它充满了殖民的意味。

国财政部有采用切口计数法记录某些账目的惯例。计数的工具是一个风干了的榛木或柳树方形棍，一边标记大家借给政府的钱，用不同宽度的刻痕分别表示英镑、先令和便士，还要再刻一遍该金额的罗马数字，然后在两边分别刻上借出者的姓名和借款日期，之后把木棍一分为二，一半交给借款人，另一半留在国库里。当这笔钱到期了，借款人就拿出他的那一半木棍与另一半木棍比较，如果两半木棍互相吻合，就需要偿还借款。最终，1834年，在烧燃堆积如山的木棍时，由于炉子的温度过高导致国会大厦被烧毁。50年前在苏格兰（类似的事情现在可能也会发生在某个偏僻的小村庄），面包师的孩子在卖面包时会带上一根木棍，每卖出一个面包，就在木棍上刻上一道。霍夫曼博士告诉我们，宾夕法尼亚的奶牛场主也是这么做的，每卖出一品脱或一夸脱牛奶，他就会在一根木棍上刻痕记账。这些刻痕就相当于我们的日记账和总账，所以曾被广泛使用的木头日历也就相当于我们现代的惠特克年鉴①。它由一块方形的木块（有时是金属）组成，主要用来展示星期天和节日何时到来，还会画上一些特定的符号或象形文字表示神圣的日子和节日，比如，用一把斧子来表示圣保罗日，用一个同心结来表示圣瓦伦丁日②，用一把竖琴来表示圣大卫日③。或许我们可以将它与写有象形文字的轮子（名为“众神的记录”）做比较，从前弗吉尼亚的印第安人会用这种轮子来记录时间。“这些轮子有60根轮辐，每根代表1

---

① 英国的一种年鉴，现在仍在出版。每年一册，记录该年份英国国家、政府基础设施建设、天文与潮汐数据、英国法律指南、教育与税法、水文概况、能源与交通、皇室与贵族、基础日历信息等内容。

② 即每年的2月14日，现在的情人节。

③ 即每年的3月1日，为威尔士国庆节。

年，就像标记人的年龄一样，它们被画在兽皮上，由祭司保管。祭司将象形文字标记在每一根轮辐或每一个区域上，用来展示那一年值得纪念的事件。”（泰勒，第93页）

贝壳串珠腰带的地理分布范围比基普窄许多。这些腰带是由手工制作的珠子或穿孔的贝壳以各种常规的样式排列在树皮纤维、麻纤维、鹿皮带或鹿筋上制成的，带子的末端用鹿筋或麻纤维镶边。图案是记录部落历史事件或部落间条约的图像符号，这些腰带也被用来标记土地边界或个人财产，过去有时甚至作为贝壳货币在整个新英格兰①流通。彼得·克拉克在他所著的《怀安多特族②的起源与传统历史》一书中解释过使用贝壳串珠记录的一个共同目的，他这样写道：“在18世纪的最后10年里，国王或首领萨特斯陶拉茨在保管档案的酋长亚当·布朗的家中召开了一次会议，这些档案由贝壳串珠腰带和羊皮纸等组成，被保存在一个大箱子里。这些箱子一个接一个被抬出来，向酋长和战士们展示。在几位酋长凭记忆解释了贝壳串珠带代表的意义（他们就是出于此目的得到任命的）之后，布朗酋长在一张纸上写了字，将它钉在每条贝壳串珠腰带上，指代它代表的契约或条约。可敬的国王坐在他们面前，他的脑袋里存储着每条贝壳串珠腰带上的内容，他听着描述，偶尔纠正讲述者的错误，在他们偏离时将其拉回正确的轨道上。”克拉克接着写道：“当大多数人搬到西南部时，他们会要求带上贝壳串珠腰带，因为这可能会保护他们。其中一些贝壳串珠腰带记录了与现在居住在那个地区的其他部落之间的联盟条约或和平条约，对

---

① 美国本土的东北部地区。

② 休伦-易洛魁族血统的一个部落。——原书注

于怀安多特族来说，能够出示和查看这些条约也许是非常重要的。这一公正的要求得到了许可，他们可以拥有大部分贝壳串珠腰带。”现在的调查人员告诉我们，贝壳串珠至今仍发挥着作用，它被当作现存条约或地契的证据。然而，北美洲的部落曾经拥有的大量贝壳串珠腰带（这些腰带几乎只存在于易洛魁族人的地盘上）很少能保存下来，因为随着红种人被白种人所取代，从土地产权的角度来看，它们已经不再具备价值。1897年，泰勒博士向牛津的皮特·里弗斯博物馆赠送了四个被称为“赫尔系列休伦族贝壳串珠腰带”的有趣标本，捐赠人与已故的霍雷肖·赫尔还以它们为主题，在《人类学学会期刊》（第26期，第三篇，第221—254页）上发表了一篇冗长的论文，我们只需要看看对它们最简单的概述。第一个也是最古老的例子可以追溯到17世纪中期之前，被称为“双头烟斗条约腰带”（图8、图9）。它的宽度包括9颗珠子，虽然不完整，但仍有将近4英尺[①]长。豪华的贝壳串珠腰带底色为深沉的紫色，大概在腰带中间有一个会议之家的图案，图案的一边有4个双头烟斗，另一边有3个双头烟斗，即双头和平烟头，每个烟斗的两个头上都各有一个凹槽。当然，这种烟斗是无法用来抽烟的。它是一种纹章[②]想象的产物，就像一些现代欧洲强国的双头鹰标志一样。

图8　双头烟斗条约腰带（用贝壳串珠装饰）

---

① 英美制长度单位，1英尺=0.3048米。

② 一种按特定规则构成的彩色标志，专属于某个人、家族或团体可识别物。

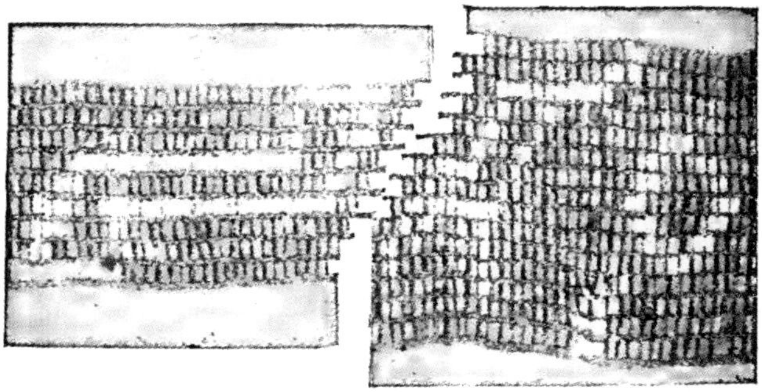

图9 腰带中间会议之家的图案

14世纪中期，双头鹰标志第一次出现在德国皇帝的手臂上，这也许源自与东方的接触，从赫梯人的浅浮雕衍生而来，就好像西方墓碑上的小天使形象起源于亚述人，后来经由希伯来人[①]传过来一样。“善良的牧羊人”的符号设计则是从掌管公羊的赫尔墨斯的旧形象演变而来。回到“双头烟斗”，一位印第安酋长曼多隆告诉赫尔先生，它是一条和平腰带，代表古代的一项重要条约或一次结盟。第二个例子被称为“和平之路腰带”，这个名字表明了它的用途。第三条腰带叫“耶稣会传教士腰带”（图10），它的很大一部分恐怕已经遗失，据说它是为了纪念休伦人在耶稣会的教导之下接受了基督教。

图10 耶稣会传教士腰带

① 属于古代北闪米特族的分支，是现代犹太人的祖先。

深色背景上放着15排白色的珠子，用来表示数字，中间附近的椭圆形或菱形的设计代表协商会议。协商会议的两边是宗教象征物，一边是鸽子，另一边为羊羔，而鸽子和羊羔之外则是代表三位一体的希腊十字架。“这条腰带记录的最近的时间是1648年，即易洛魁人驱逐休伦人的前夕。”第四个例子被称为“四族联盟腰带”（图11），它的制作时间要比第三条晚60年，主要图案由4个方块组成，是怀安多特部落与阿尔贡金①部落之间的土地条约。

图11　“四族联盟腰带”

如果没有对现存最有名的贝壳串珠，即保存在宾夕法尼亚历史协会档案中的“佩恩腰带”的记录（图11a），那么对表意文字阶段的记录参照就会是不完整的。“佩恩”腰带的名字来源于一个经过证实的传说，它也许是易洛魁人在1701年送给威廉·佩恩的，“为了证明他们之间建立的永久友好关系”。它由18根白色串珠组成，表明它与一桩重要的交易有关，中间用深色珠子勾勒出两个人物，一个印第安人握着另一个人的手，这个人戴着一顶帽子，无疑代表一个欧洲人。

① 北美印第安人的一支，也译作阿尔衮琴。

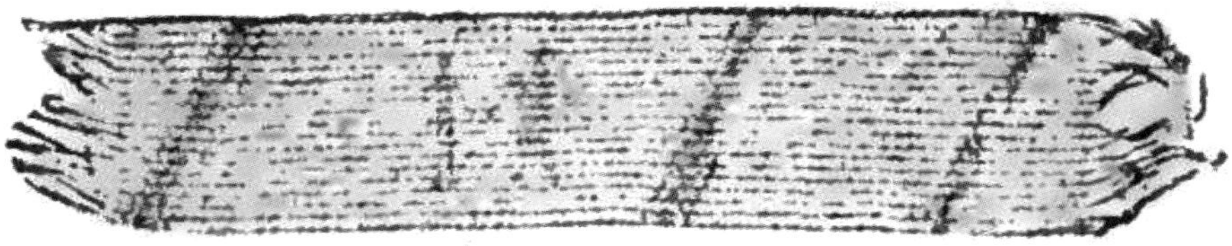

图11a 佩恩贝壳串珠

倾斜的带子是被称为“五族”的易洛魁族联邦的象征，并以提喻法（或用局部代替整体）来表示整个易洛魁族当地的“长屋”，也就是公共住宅。“易洛魁族联盟在他们的《礼仪之书》中被称为喀纳斯塔特—斯考伊瓦[1]，即重要的体系。正是由于这个强大的组织，上述腰带的重要性才得以盖过北美洲大部分地区的其他腰带，椽子，即腰带上倾斜的带子，表明了这一点。”（赫尔，《人类学学会期刊》，第26期，第244页）

b. 图画文字阶段

为了识别个人和部落的财产，特别是土地和牲畜，人们或多或少地使用了各种图画文字，古代商业和工匠的商标中使用的古代文字符号表就是其中的代表。加拉加斯[2]的恩斯特教授（Professor Ernst）认为，他可以从加在牛身上的烙印的标记中辨认出残存的印第安象形文字。亚瑟·埃文斯先生在克里特岛发现了比迈锡尼文明[3]更早的引人注目的遗迹（我会在后面讨论它的意义），其中有一些刻有符号的印章石，这些符号不仅是想象出来或者做装饰用的，而且可以用来传达关于它们主人的信息。“例如，

① 音译，原文为Kanastat-sikoiua。

② 委内瑞拉首都。

③ 约公元前2000年—前1150年，古希腊青铜时代的文明，因伯罗奔尼撒半岛的迈锡尼城而得名，是爱琴文明的一个重要组成部分，继承和发展了克里特文明。

一个印章上刻有一艘船，船两边的桅杆上各有一个新月标记，这个印章可能属于一位古代的水手，他冒险进行了多次长途航行。”这或许是一项值得骄傲的壮举，因为对于荷马时代[①]的普通水手来说，要获得一个新月标记（完成一次单月航行）似乎都极其困难。（参见《伊利亚特》第二卷，292—294页）令人痛苦的文身不仅具有装饰意义，而且更具有象征意义和宗教意义，它代表着一个人与其部落图腾或个人图腾的联系。但它也有实用目的，比如，在某些红印第安人部落中，男人和女人都要文身，这样一旦发生战争，各个部落就能识别出被俘虏的本族人并将其赎回。图腾动物和神话动物被分别文在身体的不同部位。有一个例子是这样的，加利福尼亚的卡乌亚印第安人中的一位地主将他穿戴的图案当作财产标记，并将这个标记刻到或画到边界树和地界标上，这样一来，他就能用自己佩戴的便携式产权凭证证明他对自己财产的所有权，这让我们想到了赖德·哈格德（Rider Haggard）在《米森斯先生的愿望》一书中写的最重要的小插曲。“在新西兰，人们会将死去的人的面部装饰刻在其墓旁的树上；而雅库特人[②]和布须曼人会将面部标记，甚至用图腾当作财产标记，布须曼人则会把这些标记雕刻在生长的南瓜和甜瓜上。”（霍夫曼，第39页）相比个人名字，印第安部落似乎对图腾的名字使用得更加频繁，这也许是因为普遍的原始观念认为一个人的名字是他不可或缺的一部分，不管是死是活，巫师知道一个人的名字后就可能通过名字对他造成伤害。他们认为，如果名字是通用的、大家共用的，这种伤害的力量就会减弱。

---

① 也叫黑暗时代，约前1100年—前800年。

② 俄罗斯少数民族之一，主要分布在雅库特共和国。

澳大利亚黑人和北美印第安人墓碑上的图腾符号是颠倒的，就像我们在中世纪的编年史中看到的那样，英国国王盾形纹章上的豹子是颠倒的，豹子的对面则是他们的死亡记录。我们也许可以把现代雕刻师在丧葬纪念碑上刻画的经典符号（倒着放的火把）与此联系起来。在斯库尔克拉夫特（Schoolcraft）50多年前出版的伟大作品《印第安部落的历史、条件和前景》（虽然这部作品还需要其他权威人士的检验）中，他展示了几幅红印第安人墓石的插画，这本书中也收录了其中的3张复制画。

图12展示了死去的战士的图腾—— 一只乌龟，旁边是一个无头人，这是印第安部落中常见的死亡符号。无头人之下有3个象征荣誉的符号。图13则更为详细，上面记录了在圣玛丽一带的一位著名的印第安首领辛迦巴瓦森（Shingabavvassin）的成就。他的图腾—— 一只鹤被倒着刻在墓碑之上。图腾左边的3个符号代表他参与过的总和平条约，右边的6条横线很可能表示他参加过的重大战役。烟斗似乎是和平的象征，而斧头则象征着战争。

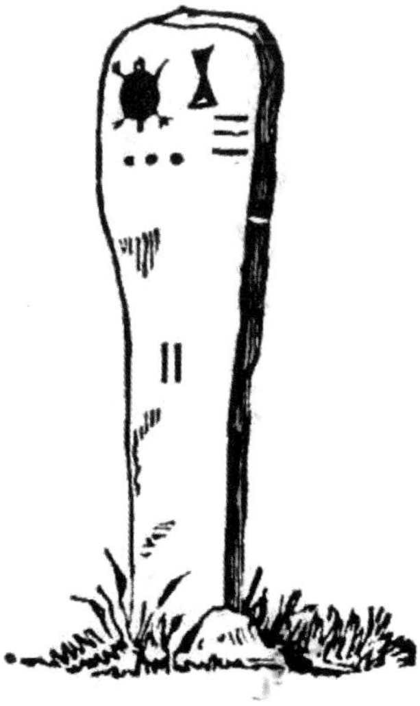

图12　印第安战士的墓碑

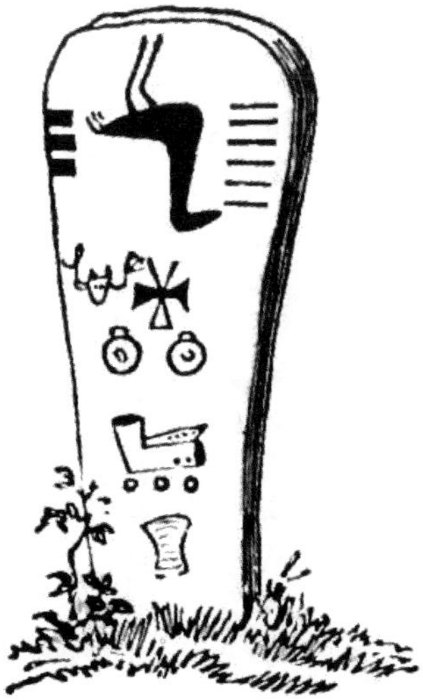

图13　印第安首领辛迦巴瓦森的墓碑

女人坟墓上也以类似的方式竖着墓碑，上面刻有死者生前使用的各种物品，像切割和缝纫的工具以及编织用具。第三个例子（图14）展示的是一位著名的战争首领瓦布基格的墓碑，他大约在1793年死于苏必利尔湖。他的图腾驯鹿被倒着刻在墓碑上，他的名字瓦布基格（意思是白色的渔夫）则没有被记录下来。7条横线代表他领导参与的7场战争，3条笔直的竖线则代表他在战争中受伤的次数。长角的脑袋表示他曾独自一人与一头驼鹿战斗。

图15是一位因纽特猎人墓碑的部分复制图（霍夫曼制作）。图中用一艘船展示出死者的职业，死者是一位猎人。图示显示他与一位同伴一起划船。下面的物体则代表悬挂鱼干和兽皮的支架。旁边是狐狸和水獭的形象，底部的网状物刻画的是猎人的夏季住所。

图14　印第安首领瓦布基格的墓碑

图15　因纽特猎人的墓碑

这些临时的建筑物代表兽皮猎人的住所，渔民的住所则是圆顶的。霍夫曼补充道：“居民屋顶的形状差异只是便于图画呈现，并非是它们实际的样子。”与这些墓碑密切相关的是门柱的装饰，我们在不列颠省、波利尼西亚和毛利人的部落中都发现了这种例子，还有例子包括在独木舟和其他私人物品上雕刻图案标记所有权，或用图腾说明财产归属。但是，继续研究这个问题通常就会把我们带进原始艺术的领域，而这里提及的仅仅是图画作为辅助记忆的用途，使人们能记住一些事件，让它们不至于湮没于世。

显然，上面给出的例子只能达到有限的目的，因为只有当初这么做的人才能知道它们的意义。正如泰勒博士所说的，这种记录方式“类似于所有社会中含蓄的表达方式，当下人们特别关注一些狭窄的兴趣领域，因为所有人类的大脑结构相同，所以没有必要去详尽地描述事物的整体状态，只需要一两个细节，听众就能够理解整个故事。就像“要选就选92号”（92号是一支交易非常活跃的期货）这类表述，尽管当下金融圈中的人士能够很好地理解，但对金融圈的事态进展不熟悉的人来说，这些表述晦涩难懂，就好像对于一个普通的伦敦人来说，印第安人对一场战争的记录难以理解一样”。（《人类早期历史》，第86页）这一点更适用于庞大的符号记忆术，它的目的更为有限，歌手用它来记录诗句，巫医将它用于记住咒语，猎人在它的帮助下寻找猎物，又或者是流浪汉用它来闯荡江湖。霍顿（Hotten）的《俚语词典》（1869年）中收录了一幅增补的乞讨者地图（图16），这是在所谓的文明社会中发现的又一件遗物，它也是使用图画记忆术（用图画标识与爱情、巫术、打猎、战争以及政治有关的事物）的一个很好的例子。

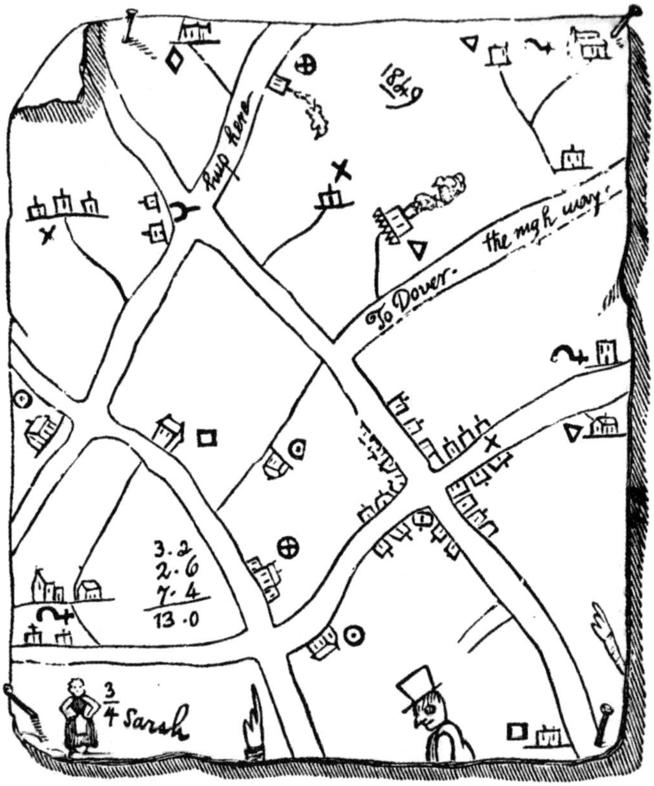

图16　一位乞讨者的行乞区域地图

爱情　图17是一封情书的局部，它被画在一块桦树皮（一种在其他地方使用的材料，如西伯利亚的尤卡吉尔人）上，是一位奥吉布瓦[①]女孩送给她远在白色土地——明尼苏达州的心上人的。她的图腾是一头熊，而他的图腾是一条泥狗[②]，图中用这两种动物来分别代表寄信人和收信人。两条线分别从他们各自的营地延伸出来，在中间相交，并继续延伸到两个湖泊中的一点，从某个点还分出来一条岔路，通向两个帐篷。

---

① 印第安人的一支，原住于休伦湖北岸和苏必利尔湖南北两岸。

② 美洲蝾螈。

象形文字的说明

✕ 不好：太贫穷，知道太多。

停：如果你有他们想要的东西，他们就会买。他们非常清楚。

走这条路：比另一条路更好——那条路什么也没有。

骨头（好）：沉默的人比较安全——停止喋喋不休（别说太多话）。

▽ 被毁了，有太多流浪汉。

▭ 不适宜：很可能会吸引你，小心狗。

⊙ 危险：肯定有一个月会进监狱。

⊕ 宗教地盘，但整体上非常干净。

图中还有三个扎营的女孩，她们皈依了天主教，因此用三个十字架来表示，左边的帐篷有一个开口，一只胳膊从中伸出，做召唤的手势。

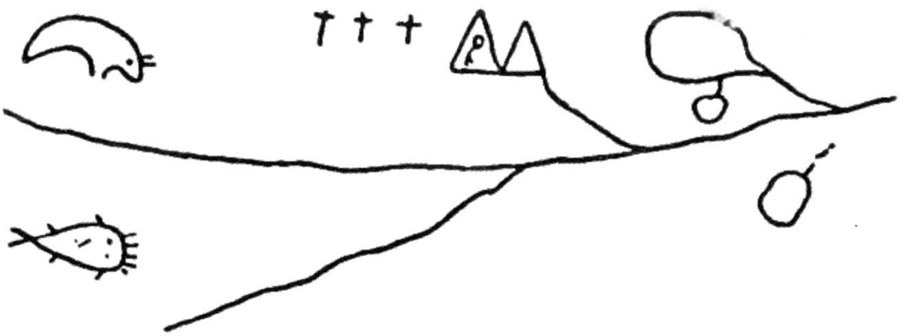

图17 奥吉布瓦女孩的情书

伸出手臂的就是写情书的女孩，她用印第安人的手势向她的情人表示欢迎。“手掌朝下，手指朝前，向讲话的人所处的位置伸出食指，从而指示来人朝那个方向走。”

图18记录了一首情歌，其中图形1代表其中一位情人；图形2代表他边唱歌边敲魔法鼓；图形3，他将自己置于一个秘密小屋中，这象征他的巫术效果；图形4，他和他的情人由一条胳膊相连，表示他们心意相通；图形5，她在一座岛上；图形6，她睡着了，当他唱起歌，魔力直抵她的内心；图形7则展示了一颗心。这些图形①每个都对应歌曲中的一节。

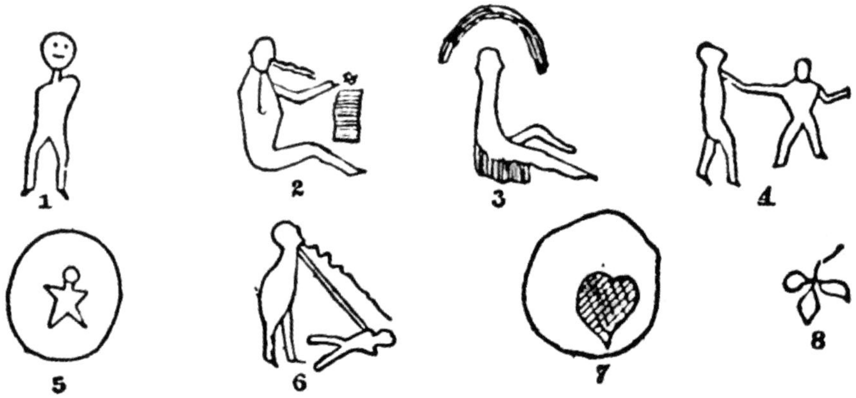

图18　情歌

1.我的画使我成为神。

2.听我的声音，听我的歌声，这是我的声音。

3.我在她身旁坐下。

4.我能让她羞红脸，因为我听见她说起关于我的一切。

5.如果她在一座遥远的岛上，我能让她游过大海。

6.虽然她离我很远，甚至远在另一个半球。

7.我与你的心交谈。

① 图形8，还没有被解读出来。

巫术　图19是一位奥吉布瓦巫医刻在桦树皮上的歌。这些巫士相当于西伯利亚的萨满，爱用全世界祭司惯用的神秘仪式，就像那些知识更为渊博的人一样，他们声称自己的奇术直接来自神的恩赐。他们称其为马拿保斯何（Manabozho），大概是某位祖先神，因为他是“先民”的保护者。图形1，马拿保斯何握着弓箭；图形2，代表巫医在吟诵和仪式开始时使用的鼓和鼓棒；图形3，吟诵咒语时看到的杆子或支柱；图形4，用水獭皮制成的药袋，里面保存着白贝壳，人们将它当作崇拜的神圣徽章；图形5，巫医本人，戴着角展示他高超的力量；图形6，一个像漏斗的物体，被称为“花招”，用于戏法和其他骗术之中；图形7，一个女人，标志着女性可以加入“大药师会”；图形8，一根杆子或支柱，和图形3中的一样；图形9，神圣的蛇皮药袋，具有魔力；图形10，另一个女人；图形11，另一个水獭皮“戏法袋”，表示女性成员可以使用它；图形12，一个女性人物，她拿着一根某种神圣植物的树枝，用于驱除疾病恶魔。在提到原始疗法时，任何关于原始疗法的文献，都经常强调疾病是由自然原因引发的。“印第安人认为疾病是由看不见的恶魔和巫术引起的——他们的每一次咳嗽、牙痛、头痛、发烧，每一个疖子、伤口——事实上他们所有的疾病都是由巫术引起的。他们所谓的医疗实践是一种可怕的巫术体系，因为这种迷信，相当多的人丧失了生命……事实上，在原始帐篷里，自然死亡比较罕见，但因巫术、药物和因信仰巫术而引起的血仇造成的死亡则极其普遍。”（《北美墨西哥的印第安语系》，鲍威尔教授著，第39页）图20记录了一名奥布吉瓦坏巫医消灭了敌人。图中盒子状的物体代表巫医所属的神秘团体的4个等级，杆子的数量代表级数。盒子旁边的人物是巫医的助手。巫医的嘴巴和右边的椭圆形物体之间有一根波浪线相连，这个椭圆形的物体代表一个湖，它就位于受害者居住的岛上。一个人俯伏在巫医的脚下，胸前有一个点。两个人物之间的长方形图形代表神圣的鼓（详见图19的图形 2 ）。这幅画的意思是，巫医被雇来对这个人施加黑魔法。

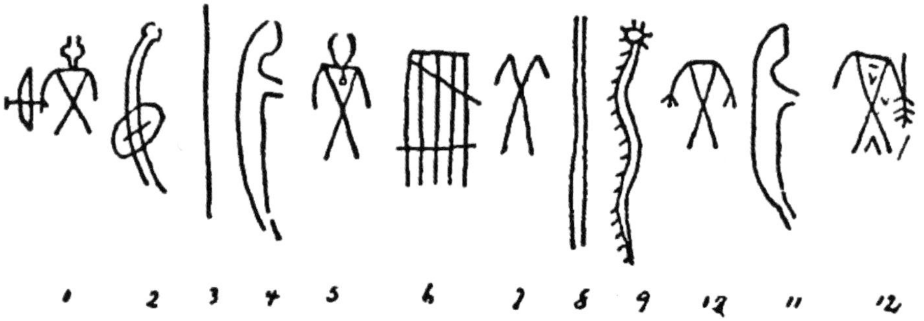

图19　一位奥吉布瓦巫医辅助记忆的歌曲

图20　巫医消灭敌人

他拿了一块桦树皮，在上面刻上受害者的肖像，然后边吟诵咒语边敲鼓，接着，他刺穿肖像的胸部，并将穿刺处涂红。根据“交感巫术”的原则，人们认为这会导致受害人死亡。虽然他住在岛上，巫医无法接近他，但却可以通过这种方式置他于死地。

因纽特人在一个象牙手钻弓柄上雕刻的图画文字描绘了靠仁慈的力量起作用的白魔法（图21）。手钻弓柄的右边是两间小屋，一位巫医站得离小屋最近，他被请来为两个病人驱除疾病。他抓住一只动物，靠动物的帮助驱除疾病恶魔，或者可能是将疾病转移到作为替罪羊的动物身上。在第二次驱魔中，巫医握住病人的手臂，吟诵处方驱除恶魔。左边的人物正在做一个惊讶的姿势，惊讶于自己从疾病中解脱出来。他身后的形象是两个恶魔，他们在挣扎，想逃离巫医的力量。

图21　因纽特人手钻弓柄上的蚀刻画

打猎　图22记录了一次狩猎之旅。两条线代表着一条波浪起伏的河流，河上漂浮着一条树皮独木舟，由船主掌舵。舵手点燃松木，照亮航道，一块桦树皮被立在船头，用来挡火。

图22　奥吉布瓦狩猎记录

通过这种方式，当猎物来到水边喝水时，猎人们就能通过独木舟的阴影看到它们，图中也在独木舟前面刻了两头鹿。在这些形象的旁边有一个圆圈，代表一个湖，从湖中可以窥见第三头鹿的头和角。湖的右边有一头母鹿，她的右边是两间猎人的棚屋。4只动物也许代表被关起来的猎获物。

图23是一个希达察印第安人画在一块水牛肩胛骨上的一幅画，图中展示了他追踪去猎捕水牛的同伴的事迹。图中用虚线表示水牛和追踪者的痕迹。3个脑袋中最靠下的那个代表追踪者，他追着失踪的朋友大声喊叫，之后继续前进，仍然大声喊叫，直到猎人们从扎营的地方传来对他的回应。

图23　希达察印第安人画在水牛肩胛骨上的一幅画

图24被刻在一个象牙手钻弓柄上，描绘了一次阿拉斯加猎捕海狮的行动。该图中的图形1，讲述者用左手指着要去的方向；图形2，双手握桨表示要开始一次航行；图形3，右手放在头的一侧，表示睡觉，左手竖起一指表示一晚；图形4，一个圆圈中间有两个点，指代一个岛，岛上有一些棚屋；图形5与图形1相同；图形6是另一座岛；图形7与图形3相同，但竖起两根手指表示两晚；图形8，讲述者用鱼叉画了个海狮的图案，左手向外和向下划出一个轻微的弧度，表示海狮在游泳；图形9和图形10，一只海狮被弓箭射中；图形11，两个人在一艘船上，向下划桨；图形12，讲述者的小屋。

图24　阿拉斯加狩猎记录

当地人的描述被翻译过来是这样的："我去了那个岛，睡了一觉；接着又去了另一个岛，睡了两觉；我捉住了一只海狮，然后回家了。"（科洛内尔·马勒里引用霍夫曼于1883年在华盛顿出版的《人类协会会报》的第二卷第134页内容）

"不幸又饥饿的猎人，在一块木头上雕刻或画下图25中的文字，然后把木棍的下端插在最有可能被人发现的小路上"，棍子向猎人的住处倾斜。

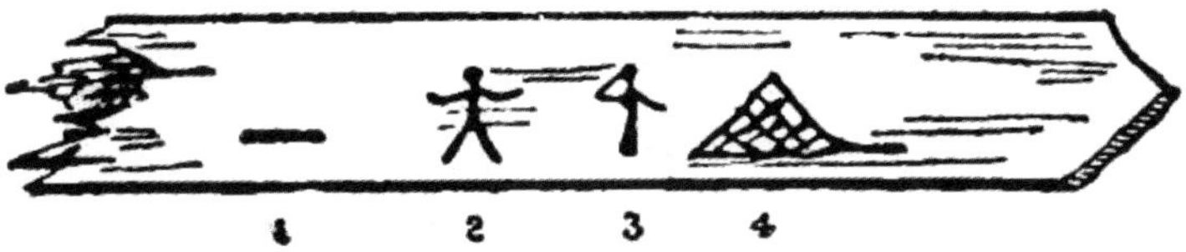

图25 饥饿的猎人记录

该图中图形1的横线代表一艘独木舟；图形2中的人将双臂伸展开，指代"什么都没有"；图形3中的人将右手举到嘴巴边，意味着"食物"或"吃饭"，同时左手伸出，指着图形4中饥饿的人的小屋。我们现在实际上处于表意文字阶段，我将在适当的时候说明，我们处理的材料与在埃及和其他古代国家所发现的材料的性质相同。但是，正如前文所述，我也将在这几页中充分证明，文字各个发展阶段之间并没有明显的界限。

图26是在一根海象的象牙上描绘了阿拉斯加人生活的某些一般特征，人们对此很有兴趣。该图中的图形1，一位当地人靠在他的房子上休息，他的右边立着一根杆子，上面雕刻着一只鸟，显然这是一根图腾柱；图形2，一头驯鹿；图形3，一个人用弓箭射向另一个人；图形4，乘坐狗拉雪橇外出；图形5，在一艘船里，船上有帆和桨；图形6，狗拉雪橇，上面有个太阳，或许意味着夏天的到来；图形7，一间神圣的小屋，屋子外四个角上的人物代表配备了弓箭的年轻人，他们在防止外人进入禁区，神秘团体

的成员围着小屋中间的火堆跳舞；图形8，一头豪猪正爬上一棵松树；图形9，另一棵松树，啄木鸟正从中啄出幼虫；图形10，一头熊；图形11和图形12，男人们将鱼赶进图形13的网中，他们上方是一头被捉住的鲸鱼，它身上连着一柄捕鲸叉和一根绳子。

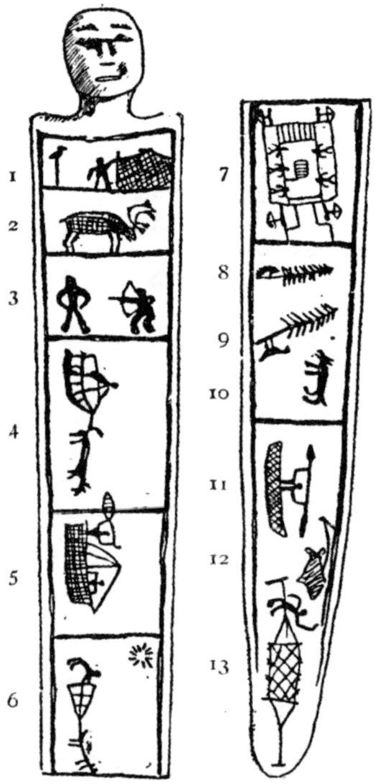

图26　阿拉斯加人的狩猎生活

战争　图27是一封树皮信的复制品，斯库尔克拉夫特记录了对这封信的调查发现，我已经在前文中引用过他的一个例子。它被固定在一根杆子的顶端，以吸引其他碰巧路过的印第安人的注意。让我们从中间一排的右边看起，该图中的图形1为指挥官，手中握着一把剑；图形2为指挥官的秘书；图形3，这地方的地理学家，他手里的锤子表明了他的身份；接着图形4和图形5是两位随行人员；图形6是翻译人员；图形7和图形8是两位奇佩瓦族的向导。最上面一排是图形9和图形10，画的是7位带着毛瑟枪的士兵。图形11和图形12分别是一只草原母鸡和一只乌龟，代表被捕获的作为食物的动物。

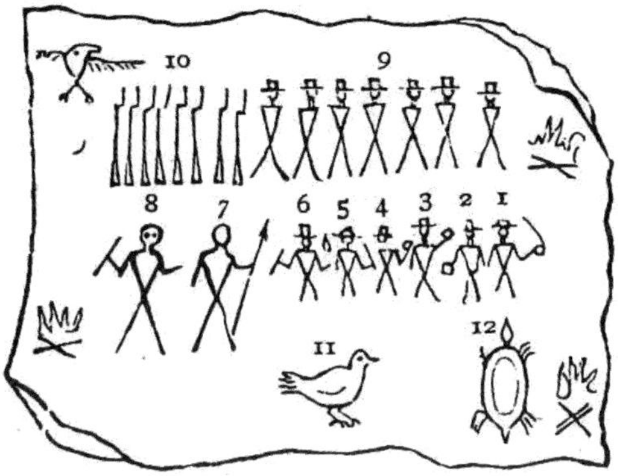

图27　印第安人的探险之旅

图28描绘了一位著名的特拉华酋长温孟德的生平。该图中的图形1是部落的乌龟图腾；图形2是酋长图腾；图形3是太阳，太阳之下有10条横线，代表温孟德参与的10次探险；左边的图形4、5、6、7是他们抓获的俘虏，男人和女人都有，还有他们杀死的人，用几个没有脑袋的人物指代。中间的图形8、9、10、11是他们攻击的几个位置；底部的斜线表示温孟德的随从人数。

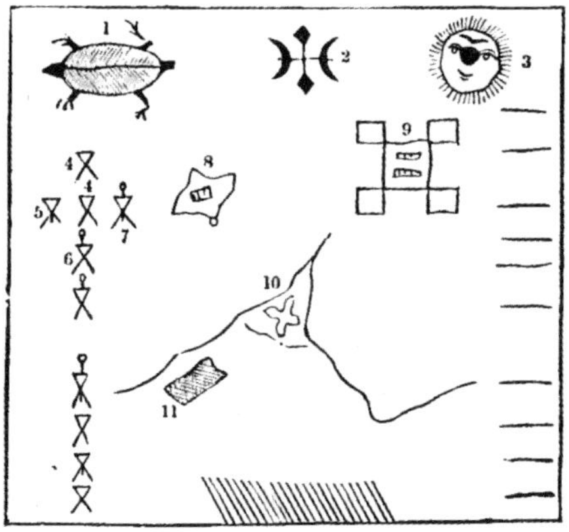

图28　一位印第安酋长的生平

图29是一首战歌。该图图形1中的战士被赋予了翅膀，表示他跑得很快；图形2，他站在晨星之下；图形3，他站在天的中心之下，手中握着作战的棍棒和响铃；图形4，杀戮之鹰在天空中飞翔；图形5，战士战死在战场上；图形6，他变成了天空中的灵魂。这首歌曲的歌词如下：

1.我希望能拥有飞得最快的鸟的身体。

2.每天我看着你，半夜里我唱着歌。

3.我把身体扔掉。

4.鸟儿在空中飞翔。

5.我很高兴自己是战死的人之一。

6.天上的灵魂重复着我的名字。

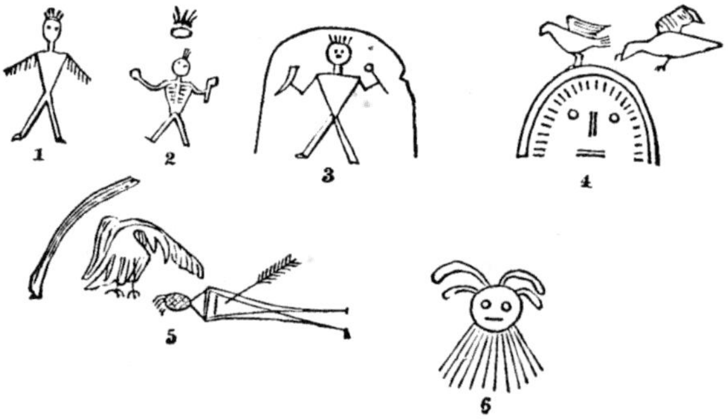

图29　战歌

政治和社会　　卷首插图是众多印第安部落向美国国会递交的一份请愿书的副本，他们要求获得在苏必利尔湖附近的一些小湖捕鱼的权利。带头的部落以奥什卡巴威斯为代表，他的图腾是该图图形1中的鹤，接下来是图形2中的怀米特里格兹格，图形3中的奥基马吉，图形4为貂图腾，图形5

为小驼鹿[①]，他的图腾是熊，图形6属于人鱼图腾，图形7属于鲇鱼图腾。

鹤的头和心各延伸出6条线，分别与其他6个动物的头和心相连，代表他们同心协力。鹤的眼睛中还延伸出两条线，一条与湖相连，以示这些印第安部落想捕鱼，另一条朝着国会延伸出去。

图30是1820年在圣安东尼瀑布[②]之上发现的一封信的副本。“它被写在白桦树皮上，人物画得十分仔细。该图中图形1指代联邦的旗帜；图形2表示最近在悬崖西侧的冷泉搭建的营地；图形4是指挥官莱文沃思上校（Colonel Leavenworth）的象征，他派人去奇佩瓦地区执行一项和平任务；图形11是苏族人的酋长查科帕的符号，苏族人听他的命令行事；图形8是副酋长，名为瓦伯达坦卡或者黑狗（图形10），他有14间小屋；图形7是一位酋长，也是查科帕的属下，他有13间小屋；图形9是政府为了和平目的献出的一大包礼物；图形6之人的名字没有标出；图形5是他的棚屋，此外，他还有13间小屋。”写这封信的目的是为了告诉大家，查科帕和他的随从们在美国军官的陪同或支持下，来到现场与奇佩瓦猎人讲和。“发现这封信的奇佩瓦族酋长巴博萨康巴比毫不犹豫地将它读了出来。”（斯库尔克拉夫特，第一卷，第352页）

① 小驼鹿为温尼戈族印第安人的发言人。

② 位于美国明尼苏达州明尼阿波利斯西北的一条瀑布，也是密西西比河上游唯一的一条大型天然瀑布。

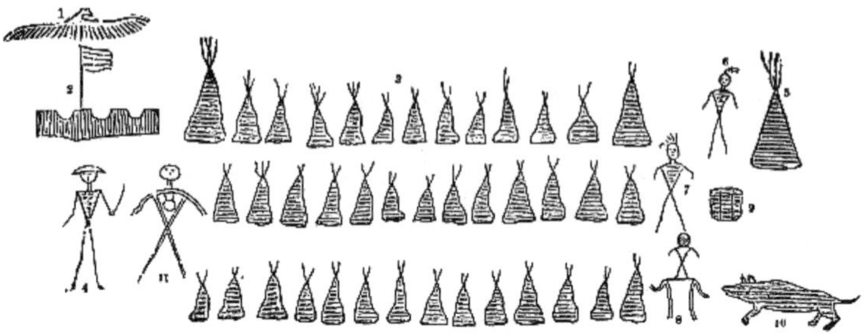

图30　主动提出希望签署和平协议的信

图31是明尼苏达州境内的米勒湖区的一个印第安社的人口普查记录。1849年，一位奇佩瓦族的印第安人纳高纳伯将它寄给了美国的印第安人事务官，当时纳高纳伯拿着年金替美国政府办事。

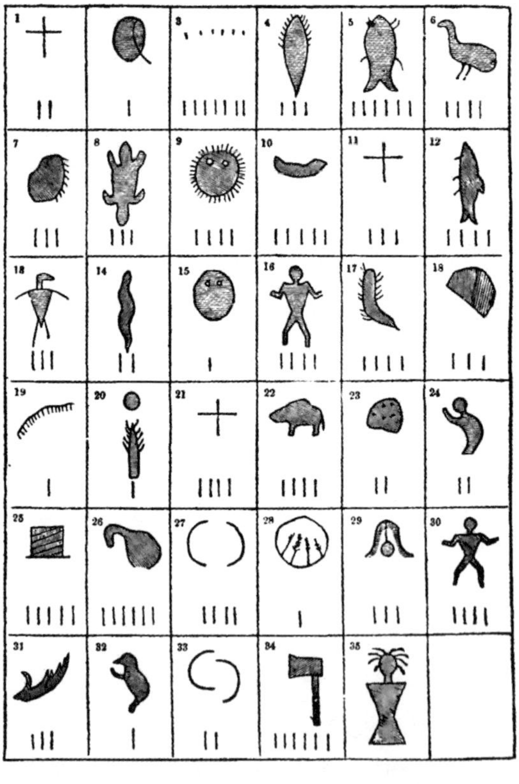

图31　一个印第安社的人口普查记录

由于印第安人都有相同的图腾，纳高纳伯“使用表示酋长通用名字的符号来表示每个家庭。于是，该图中的图形5指代一条鲇鱼，6条竖线则表示鲇鱼家庭由6位成员组成；图形8是一张河狸皮；图形9是一个太阳；图形13是一只鹰；图形14是一条蛇；图形22是一头水牛；图形34是一把斧子；图形35是巫医；等等”。（《文明的起源》，卢伯克著，第47页）

图32提供了一个引人注目的例子，说明与声音符号相比，图画文字有多累赘。这是一份记录的副本，一个因纽特人将它放在自己住所的门上，以此告知他的朋友们自己出门了。该图中的图形1、3、5、7是看到了他留下的信息的人；图形2是说话的人，他伸出的左手指向他离开的方向；图形4的手势表示“很多”；图形6表示睡觉，左手举起表示他将要去遥远的地方；图形8中，他的右手指向回家的方向，表示他还打算回来。左胳膊弯曲，表示返回。

图32　外出的记录（因纽特人）

c. 表意文字阶段

当文字从图像转化为象征或符号时，除了初始意义之外，它们的意义显然变得更为模糊了。正如马勒里上校所说：“它们不描绘对象，但使人联想起对象；不要直接通过眼睛与理解力说话，而要预先假定符号能唤起人们头脑中关于一个事件或事实的知识。对于不熟悉摩西或某些类似宇宙观的人来说，诺亚方舟、鸽子、橄榄枝和彩虹的符号完全没有意义，就好像对于不了解历史的人来说，十字架和新月也毫无意义。”正如这位杰出的权威人士所观察到的那样，甚至在象形文字中，“要区分从印第安人那里获得的历史和传统叙述，就算并非完全不可能，但也会非常困难。冬天计数（即用不同的冬天计算时间，使用名称代替数字，例如捕捉野马的冬天，捕捉野马的工具是套索）的主要价值在于它们可以被当作日历，但也包含了一些千真万确的、可验证的部落历史。”如例子所示，解释的困难在于大部分象形文字“仅仅是用来辅助记忆的记录，而且之前人们将其与物体联系在一起，或许现在还会用它们来辅助记忆”。（《民族学研究局第四次年度报告》中《论北美印第安人的象形文字》，马勒里著，1886年）

在红印第安人的遗迹中，从图画文字阶段向表意文字阶段发展的标志尤其引人注目，我们在墨西哥和尤卡坦消失的民族遗迹中发现的石碑和手稿上的象形文字和形声字则更为明显。

金斯布罗爵士（Lord Kingsborough）出版了一本含有大量插图的书籍，证明古代墨西哥人是以色列失传的10个部落的后裔，有人提出了许多关于中美洲文化与旧世界联系的愚昧理论，当奥古斯都·勒·普朗吉翁博士（Dr. Augustus Le Plongeon）给我们带来他的“证据”，即尤卡坦半岛是亚当最初的家乡时，他声称自己不仅发现了亚伯的坟墓，还从里面挖出了亚伯的心脏，并且找到了该隐杀死亚伯的那把刀！（《穆女王与埃及的狮身人面像》，第138页）现代研究得出了一些确定的结论，其中一个便是新世界文明的独立起源和发展。人类，只要是一对男女的后代，都起源于一个地区，很有可能是印度—马来亚地区，因为我们在那儿找到了与人最接近的同属动物——类人猿猩猩，而最近我们在爪哇19世纪的河床中还发现了引人注目的骨化石理论的证据，将人类的起源追溯到了最高等动物分化前的阶段。在地球的整体温度比现在更为温和的时期，现存的四大人种，即埃塞俄比亚人、蒙古人、美洲人和高加索人[①]的祖先在世界上适宜居住的几个区域散播自己的后代，欧亚大陆与新世界之间原先有陆地相连，美洲人就从那里自亚洲和欧洲迁移到美洲，北极地区到合恩角[②]都遍布他们的足迹，现在我们还能在这些地区看到文字的各个发展阶段的证据。我们在墨西哥高原上发现了一些有趣又有价值的材料，比如损坏的石器（证明它们是新石器时代的产物）和不可思议的建筑（建筑材料的尺寸和装饰特征都可与埃及和亚述的宫殿、坟墓及庙宇一较高下），这表明创造出这些遗迹的民族相对拥有较为高级的文明。这些民族通常被统一归为古代墨西哥人，他们被称为玛雅人和阿兹特克人。我们不知道玛雅人的帝国或联盟持续了多长时间，但大约在西班牙征服美洲的200年前，他们似乎已经被阿兹特克人入侵。阿兹特克人的统治从大西洋扩张到了太平洋，相当于现在的墨西哥和美国的一部分。这两个民族的遗迹都残缺不全，而且十分混乱，所以我们无法从中提取出任何连贯的故事。但有证据表明，玛雅人的智力更为优越。阿兹特克人现在仍是墨西哥南部的主要民族，他们的文化中有许多地方是从墨西哥人那儿借鉴过来的，尤其是关于神的部分。“如果书面语言是一种对智力的测试，那么玛雅人的智力不仅领先于墨西哥人，而且还领先于秘鲁人。人们认为秘鲁人最接近于在书写方面取得的进展就是在绳子上打结，而墨西哥人在发明纸张之后，除了使用音标外，就只会像孩子一样，用图画画下他们的想法。但玛雅人和埃及人一样，已经从图画发展出了象形文字，他们的符号虽然或多或少有些随意，但也代表着单词

① 《辞海》（2010年版）将全世界人类分为三大人种，即蒙古人种、尼格罗人种和欧罗巴人种。与作者书中所写的不同。

② 位于南美洲最南端，智利南部合恩岛上的陡峭岬角。

或音节，他们的头脑已经准备好发明字母表了。”（《尤卡坦半岛的山洞》，默瑟著，第73页）人们在帕伦克[1]（古尤卡坦首都的西班牙语名字）的宫殿中发现了一些更为引人注目的刻有象形文字的玛雅遗迹。它们被刻在人物雕像上方的灰泥石板上，这些人物雕像中有一些与埃及的雕像有着奇怪的相似性，他们都有着同样愉快的表情，并有着相同的头饰。在一个例子（图33）中，基座上刻着一个内含一篇铭文的象形文字长方形图框。

图33　帕伦克的雕像

其中一本抄本的结尾嵌板被称为“墨西哥死亡之书”，它生动地描绘了人死后灵魂经受的考验和审判，并详细描述了前往阿兹特克的地狱米克特兰的旅程的危险性，从而强调了生前履行职责的重要性。（佩恩，《美洲新世界历史》第二卷，第407页）

这些手稿因年代久远和人类的狂热行为而破损严重，而且我们还没有找到令人满意的破译它们的钥匙，只有零零散散的几个单词得到了解释。人们用一支羽毛笔蘸上颜色鲜艳的颜料，在经过特殊处理的兽皮、纸张或芦荟纤维制成的布上书写，这样创造出来的图画文字整体被用到日常生活中，并被当作一种文字使用。一些不太重要的事情会被记录在纤维制成的纸上，纤维纸用龙舌兰属植物的叶子制成。“打算

① 墨西哥历史文化名城、玛雅古国城市遗址。

永久保存的记录则会被画在经过特殊处理的兽皮上，更为常用的是鹿皮和熊皮。兽皮呈长方形，往往很长，末端用木板保护起来，通常两面都会画上画。”（《美洲新世界历史》第二卷，佩恩著，第404页）这些木板叫作“analtees”，这个词可以翻译成“annals”（年鉴）。早期的象形文字是由祭司画的，祭司必须是老人、鳏夫，并且遵守禁欲和隐居的誓言。只有写下这样文字的人才知道它们所代表的意思。

传说，阿兹特克人破坏了玛雅人的许多图画记录，因为这些记录会使人想起被征服的民族的伟大。但事实上西班牙人摧毁了更多。墨西哥主教苏马加拉（Zumarraga）和尤卡坦主教兰达（Landa）将雕刻、雕像、木头上的绘画，以及画在当地的纸张和鹿皮上的极为珍贵的图画和象形文字都当成引燃篝火的材料付之一炬，自此之后，人们只发现了大约6件尤卡坦书籍的残篇。兰达主教很有可能从玛雅人的祭司那里了解到了这些文字，试图找到将它们翻译出来的线索，他的目的是翻译某些神圣和虔诚的文字，供皈依的教徒使用。他标出了一定数量的字母字符，但线索没什么用，艾萨克·泰勒博士（Dr. Isaac Taylor）得出了这样的结论：“中美洲部落发明和发展的图画文字体系很模糊，因此我们对他们的历史知之甚少。它们必须被视为文字中的特例，但并没有为我们提供什么合适的材料，让我们能得出任何关于图形艺术发展早期阶段特征的结论。”（《字母的历史》第一卷，24页）尽管这个结论有点儿笼统，但如果我们的目的只是为了做比较的话，那么玛雅—阿兹特克手稿还是有价值的。墨西哥博物馆里保存着一系列图画文字，呈现了各种各样的事件，如部落的迁移、民族的年鉴、祭祀众神，以及对孩子的教育、给他们布置的任务、对他们的惩罚和给他们的食物。有一些象形文字逐渐成为约定俗成的符号，红印第安人的手稿中就有这样的例子：一支箭代表一个敌人；多支箭代表多个敌人；箭所指的方向代表敌人前进的方向；从嘴巴里伸出的一块玉米饼代表吃东西；嘴唇之间有一个代表水的符号则指代喝水；横线上有箭头状的字符表示锄过或耕过的土地。为了与表示的对象保持一致，有些表意文字还上了色。还有一个更深奥的例子，即伸展的双臂很有可能表示否定。所有这些都标志着人类的文字体系在向语音音节文字发展。有时会用象征性的图形来表示人名和地名，如用一座山和一只蚱蜢来代表蚱蜢山；在两根杆子之间的一根杆子上放一个头骨代表宗潘科（Tzompanco），即“放置头骨的地方”；用5个点和1朵花来代表“五花”。有时我们会发现这些文字里有被称为图形字谜的双关语。画一幅画用来代表单词的发音，比如，在猜谜游戏中，一把小笤帚和一把钥匙代表“威士忌”①，或一系列包含一只眼睛、一把锯子、一个男孩、一只燕子、一只鹅和一个浆果的图代表一句话：“我看见一个男孩在吞一颗醋栗。”在西敏寺②艾斯利普（Islip）修道院长的小教堂里有一幅暗示着他名字的画，画中有一只眼睛和一个明显滑倒在地的男人，他的一只手紧握着一棵树的插条③。在埃克塞特大教堂④奥尔德姆（Oldham）

① 原文为a whisk broom and a key stand for “whiskey”。“whisk broom”指小笤帚，“key”指钥匙，“whisk”和“key”合在一起就是“whiskey”，意为威士忌。

② 即威斯敏斯特大教堂，位于伦敦泰晤士河北岸。

③ Islip可以拆解为I和slip两个单词，I（意为“我”）与eye（意为“眼睛”）同音，所以画中画了一只眼睛。slip作为名词，意为树木的插条，动词意为滑倒，所以画中用一个滑倒的男人握着一棵树的插条来表示slip这个单词。

④ 位于英国德文郡的埃克塞特，为英国知名的大教堂之一。

主教的小教堂中，人们用一只猫头鹰[①]来代表他的名字。在圣救世主教堂，人们则是雕刻了一个木桶，桶里放着一支名为“伯顿[②]”的蓟来表示伯顿（Burton）院长的名字。

d. 语音文字阶段

古墨西哥文字为我们提供了从图画文字阶段到语音文字阶段变化的例子。他们有一位国王名为伊兹寇陶，意为“刀蛇”，《勒泰利耶抄本》中便用一条蟒蛇（coatl）和蟒蛇身上的石头刀（itzli）来代表这位国王的名字[③]（图34）。

这只是图画文字，但在《维加拉抄本》中，我们发现了图形字谜的形式（图35）。“用一把黑曜石制成的刀来代表第一个音节itz（tli），但这个单词剩下的部分coatl虽然意思是蛇，用的却不是一幅蛇的画，而是用一个陶壶〔co（mitl）〕来表示，陶壶上方是水a（tl）的符号。我们在这里看到了真正的音标文字，因为这个名字不是根据意思‘刀—壶—水’来发音，而是只根据阿兹特克单词Itz-co-atl的发音拼写而成。”泰勒博士补充道，我们没有足够的理由怀疑，这种纯粹的语音文字起源于墨西哥本土，而在被西班牙征服之后，人们又以一种新的奇怪方式将它用来记账。西班牙传教士想让皈依者记住万福玛丽和主祷文，但发现这非常困难，因为单词对他们来说没有意义。后来，印第安人用发音相近的阿兹特克文字来代替拉丁文，并画下代表这些单词的图像，凭借这种方法，他们达到了传教士的

① 猫头鹰owl这个单词过去的拼法是Owle-dom，与主教奥尔德姆（Oldham）的名字发音相同。

② 原文为burr-tun，与院长的名字Burton发音相同。

③ 伊兹寇陶的原文为Itzcoatl。

要求。

图34　伊兹寇陶

图35　伊兹寇陶的图形字谜

托尔克马达[①]（Torquemada）和拉斯·卡萨斯[②]（Las Casas）记录了其中的两个例子。当地人用一面旗帜（pantli）和一个多刺的梨（nochtli）来表示《天主经》（Pater noster）；表现水〔a（tl）〕的符号和芦荟〔me（tl）〕的符号结合在一起就是一个复合词ametl，意思本来是“水芦荟”，但读起来就可以勉强替代阿门（Amen）。M.奥宾（M. Aubin）在墨西哥首都图书馆中发现了这种用其他文字代表《天主经》的方式的开端，即（图36）一面旗帜〔pan（tli）〕、一块石头〔te（tl）〕、一个带刺的梨〔noch（tli）〕，接下来又是一块石头〔te（tl）〕，应该读作Pa-te-noch-te或者是Pa-tetl-noch-tetl。

图36　《天主经》的图形字谜

① 1420—1498，西班牙第一位宗教裁判所大法官。

② 1474—1566，西班牙天主教神甫、历史学家。

征服墨西哥之后，西班牙人努力向被征服的墨西哥人介绍自己的宗教和文明，他们发现，在法律文件中允许使用古老的图画文字也会十分方便。当然，随着时间的流逝，图画文字消失了，最后被字母取代。但正是在这一过渡时期，我们才得以保存下来许多、也许是大部分图画文件。“墨西哥博物馆中有一幅图画文字很可能和被送给韦拉克鲁斯的蒙特祖马[①]的画很像，画中记录了刚抵达的白人、他们的船和马以及大炮，炮口子上冒着火和烟。”（《阿纳瓦克》，泰勒著，第232页）在文字发展的一般历史中，墨西哥文字只为我们提供了一个近似于语音系统的例子，它原本可以朝最后的字母阶段发展，但很可能因为玛雅人被一群智力不如自己的征服者征服而中止，征服者从玛雅人那儿借鉴了许多东西，却没有贡献出什么，最终屈服在武力更胜自己一筹的西班牙人的势力之下。

① 即蒙特祖马一世，1398—1469，阿兹特克帝国的第二位国王。

第四章

中文、日文与朝鲜文字

虽然正在被外国的“刺激”唤醒，但中国依然是一片发展停滞的土地，相应地，它的文字大概在初级阶段停留了2000年，这为我们提供了人类在不使用结绳（参见第三章）之后的一个文字早期发展阶段（从“古老的图画”到“图画和声音”）的有趣的具体实例。中文语言一直处于单音节阶段，没有表示数、格、时态、语气或人称的词尾，同一个词在作为名词、动词或其他“词性”时没有形式上的变化，因此只能通过组成一个句子的几个词所处的位置来分析这个句子的意思。如马士曼博士（Dr. Marshman）简洁地总结道，“整个中文语法都取决于词语的位置”。例如，“大”这个词根，作为名词时，它的意思就是“大”；作为形容词时，它的意思是“大的”；作为动词，它的意思是“变大”；作为副词则是“大得”。此外，不仅是词语的位置，在中文口语中，说话者的语气和姿势也有助于解释一句话的意思。

汉字分为六类：①象形字，用图画表示事物；②指事字，即根据事物的外表和各个部分之间的关系来设计，以体现创造者的想法；③会意字，即由两个文字组成，该文字的意思混合了两个复合文字的意思；④转注字，一个词，读音变化了，或者各地方音不同，为了在字形上表示这种变化或不同，因而给本字加注或改换声符，这就是转注；⑤假借字，即除了本身的意思之外，还承担了其他意思；⑥形声字，即文字的一部分指示意思，另一部分指示发音。在汉语的习惯用语中，表意符号是“意义之母”，表音符号是“声音之母”。书写文字使用的材料很大程度上决定了书写的形式，在以原始形式书写的现代书法或草书中，可以看到中国古代的抄写员使用兔毛笔的痕迹。关于第一类汉字，不必多说，因为文字本身就解释了自己的意思。

图37　中国象形文字和之后的手写字

太阳被画成一个圆圈，月亮被画成一个月牙形，用三个山峰表示山，用一个拱形下的水滴表示雨等。但正如已经被充分证明的那样，这种方法对我们的帮助非常小；仅仅使用图形系统，人类是不可能发展出文学的。

第三类汉字或者说会意字是最有趣的，它们为我们提供了了解文字 所代表的普遍观念的钥匙。有时，这些文字表现出了一种冷幽默。将表示“女性”的符号“女”和表示“扫帚”的符号“帚”结合起来就是代表

“妻子”的“婦[①]”字，这是一种对女人承担家务工作的转喻；而把代表“田地”的符号“田”和代表“力量”的符号“力”结合起来就是“男孩”的“男”字，因为男人承担了耕耘土地的工作。我们应该铭记，中国人是一个纯粹的农业民族。代表“谷物”的“禾”和“一把刀”的“刀”组成了“利润”的“利”字。“山”和“人”字组合起来为“屳[②]”字；意为眼睛的“目”和“水”字结合在一起，意思就是“泪”；一只在两扇门之间的耳朵则表示动词“聞[③]”。用表示“太阳”和“成熟”的符号来表示正午的太阳“晟[④]”；太阳和月亮的图形并排，即为“明”字，这是一个抽象的概念。“人”和“二”结合起来就是“夫”字，代表人类；两个女人组成了“奻”字，代表“争吵”；三个女人即为“姦”，代表“阴谋”；“一个女人在两棵树下”是“婪”字，意味着“欲望”或“贪婪”。但是这些和其他符号还不够充足，无法满足一门语言所需的文字量，以至于当时的人们还用同一个发音来代表多种不同的意思，这导致了表音文字的出现。公元前几个世纪，多多少少有表意作用的图画文字发展成了表音文字，主要的符号或元音与辅音的组合大约有450个，这些发音的声调变化使得我们耳朵能听懂的单音节单词数量增加到了1200多个。而中文字典中包含超过四万个文字，每个文字都有自己的拼音。这些文字都是复合符号，也就是说，复合符号由两个字符构成，第一个字符是一个音标或表音文字，第二个字符是一个限定符号，即表意符号或表意文字。正如惠特尼

① “妇”的繁体字，本意为已婚女子，特指妻子，又泛指女性。

② 古同“仙”。

③ “闻”的繁体字，本意为听见、听到。

④ 本意为中午12点的太阳。

教授（Professor Whitney）所说的，它们是“一种辅助语言，而非将话语简化成文字的语言”。表示“人”的符号有将近600种组合形式，所有的组合都表示与人相关的事物；表示“树”的符号有大约900种组合形式，用来表示各种不同的树和木头，以及用木头做的东西等。同时，举一个具体的例子，“白”字前面加一个表示“树”的“木”字就组成了“柏”字，意思是“柏树”；“白”字加一个“人”字即为“伯”字，意思是“哥哥[1]”；“白”字加表示“灵魂”的符号“鬼”字则为“魄”，意为死后依然存在的精神体。“舟”在中文里表示“船”，所以一艘船的图像就代表发音“zhou”。但“zhou”这个发音对应的文字也表示一些其他的事物，限定符号或“关键的”符号决定了这些文字的意思。“这样一来，船和水的符号结合即为‘洀’字，意为‘水的波纹’；船和说话的符号结合即为‘譸’字，意为‘多嘴’；船和火的符号结合即为‘烐’字，意为‘火焰闪烁’；船和车的符号结合即为‘辀’字，意为‘车辕’；还有一些其他事物，它们之间虽然没什么共同点，但发音都是‘zhou’”（泰勒，第102页）。虽然，从理论上说，中国人在能够书写自己的语言之前需要掌握大量的汉字；但实际上，大约掌握四五千字就足以满足一般需求，而且“一个系统使得那些彼此说着令人费解的习语的人能够用铅笔代替语言互相交谈”，由于这种便利，几个世纪前中国政府放弃了试图推行一套更接近于字母系统的文字的尝试。

与此形成对比的是日本人，他们的变通性使之成为东方民族的先行者。由于与佛教的接触（佛教由中国传入日本），日本人从汉字中选择

① 伯的本义是一家之中的老大，现在一般称呼比父亲年长的男子。

了某些符号，在这些符号的基础上创造自己的字母，或者又叫假名，按照截头表音法①的原则，从它们的第一个符号开始，就像我们的字母表从αlphα、βetα开始一样。他们的语言是多音节的，以至于使用的符号都必须是音节符号，因此采用音节表就十分容易。但是，当然了，就像所有音节表一样，它有一个缺陷，那就是必须大量使用字母表中没有的符号。日文音节符号有两个起源，可以追溯到9世纪末②。一种是平假名，源自汉语名为“草书”的手写体，包含大约300个音节音标；另一种被称为片假名，源自汉语的楷书，或称为标准字体，这是两种字体中更为简单的一种，因为日语的47个音节发音，每个片假名只对应一个文字③。在此我们对两种文字都不做详细的研究，因为随着入侵欧洲的罗马字母进入日本，也许它很快就能取代累赘的音节表，日本文字可能会与玛雅文字和阿兹特克文字一起成为一种图形古董。

汉字是古代朝鲜的官方文字，但下层社会使用的是一种音标字母。根据一些权威人士的判断，它源自印度的那格利文字手写体，所以被认为是由佛教导师引入韩国的。过去和现在都有宗教影响字母表传播的鲜明的例子，传教士在将圣书翻译成皈依者的语言时显然会使用他们自己的字母表。然而，由于朝鲜文字的变化，可能我们已经无法追溯它与印度文字之间的联系。事实上，我们对这个问题所知甚少。据说，为了维护朝鲜的传

---

① 截头表音法：用一个语音符号来表示它所代表的单词的第一个发音。

② 但实际上，在平假名和片假名出现前，万叶假名就存在了。万叶假名主要在《万叶集》中使用，因此得名。万叶假名诞生时间约为公元5世纪。

③ 但事实上，尽管古代片假名二战后有些不用了，但是一个音节对应多个假名的情况还是存在的。

统，500年前统治朝鲜的世祖李瑈命令他的首席语法学家成三问设计一种字母表，以取代繁复的汉字。于是，那位学者便以藏文为基础，但由于藏文只标注辅音，他转而研究古汉字，将其中最简单的6个偏旁部首转化为朝鲜文字的元音，并将元音和辅音分别命名为“母音”和“子音”。

这些字母被“捆在一起”，看起来像汉字（图38），这样做的目的是“便于在平行的一栏内音译汉语文本”。有一个奇怪的传统让我们想到关于文字起源的中国的传说，即朝鲜文字的发明是当地人从直网格和斜网格花样中得到的启发。

图38　汉字、藏文和朝鲜文字三种语言

第五章
楔形文字

迄今为止，我们仅仅在好奇心的驱使下了解了古代文字——由于中文、玛雅文字和其他文字体系与英文字母起源并无历史上的联系，所以以英语为母语的人在学习这些文字时会感觉到与它们相隔甚远。有了这些文字的故事，我们才开始真正对它们感兴趣，因为文明世界的字母起源就在它们之中，所有故事都保存着知识与精神财富，失去它们，人类的蓬勃发展就会停滞不前。

首先是美索不达米亚文字，这是一种楔形文字（拉丁文cuneus，意为楔子），被刻在黏土板、圆筒以及亚述、巴比伦和过去十分有名的其他东方帝国伟大的纪念碑上。这些遗迹已经被遗忘了大约1600多年，当人们将它们从拥有几百年历史的垃圾堆中发掘出来时，谁也没有想到砖头和石板上那些棱角分明的奇异文字会有什么重要的意义。1621年，西班牙旅行家皮埃特罗·德拉瓦莱（Pietro della Valle）参观了波斯波利斯的著名遗迹。他似乎是第一个怀疑这些箭头符号是某种铭文的人，尽管他无法破译。然而，他敏锐地观察到，这些字母（假设这些是字母）较粗的笔画从来都不出现在斜体字的右边，而是出现在左边，所以它们一定是从左到右书写的。

“要人为地在一个巨大的平台上建造宫殿，首先需要寻找一个广阔的平原，而且平原之上要有一座高耸的山，山坳必须像个圆形剧场，外来者从一个宏伟的楼梯或一对楼梯（起点分别在两个相反的方向，但最终会在山顶相接）拾级而上，到达那里。这里有几座宫殿的巨大遗迹，宏伟的门廊上雕刻着长着翅膀的公牛以及代表众神和君王的浮雕。山上的宫殿之后的坟墓中显然埋葬着宫殿的使用者，坟墓上的活石经过雕凿，所有岩石和墙壁上都覆盖着楔形文字或箭头状的铭文，这些文字由非常简单的元素组成，即细长的楔形和各种角，但这些元素又以各种奇妙的方式组合在一起……但是对这种语言或其意义的记录并没有保存下来，附近无知的居民对这些文字极为敬畏，甚至超过了他们对笼罩着平原的长翅膀的怪物的敬畏之情。对他们来说，它们是魔法的象征，如果能恰当地读出这些文字，就能开启由狮子和公牛守护的神秘宝藏。”（《古代历史绪论》，马哈菲著，第168页）17世纪的学者并不比那些在石头怪物的阴影下扎营的原始牧民更“聪明”。在德拉瓦莱拜访了东方学者海德（Hyde）的多年之后，后者在一本关于古代波斯宗教的书中严肃地指出，这些符号是某位了不起的建筑师设计的，目的是为了展示同一种笔画能产生多少种组合形式。令人惊奇的是，他居然没有同样严肃地指出，它们与著名的诺曼“斧头符号”有关。关于这些文字的猜测从未中断。一个古董商认为它们是护身符；另一个古董商则认为它们是祭司的神秘咒语，或者过去迦勒底占星师的占星符号；还有的古董商觉得它们是一种神启示的数字语言，造物主使用它们与亚当交谈，人类的原始语言就是从它们中派生出来的。而其他人则猜测它们是中国文字、撒玛利亚文字、北欧文字或欧甘文字。最不可思议的是，有一位天才理论家认为它们是无数代蠕虫的活动轨迹！

但到了18世纪中期，一群理智的调查者们找到了它的源头。卡斯滕·尼布尔（Carsten Niebuhr）是一位伟大的旅行者，也是早期著名的罗马历史学元老，他最早发现了这些铭文的真面目。他同意德拉瓦莱的观点，即这些文字是从左到右书写的，由三组不同的字符组成，每一组的意思相同。除此之外，他还在1764年出版了细致的手抄本，其中三种手稿中的一种文字比其他文字都要简单，他猜测这三种都是同一种语言的字母变体，但没能取得更多发现。铭文的意思仍然是个谜。30年后，丹麦语言学家曼特（Munter）正确地猜出经常出现的斜杠〵是分隔单词的符号，接着，他又发现了元音符号，希伯来语和其他闪米特语族中不存在这样的独特字符。这向着最终破译铭文迈出了重要的一步。希罗多德（《历史》第一卷，约第125页）提到，公元前6—前5世纪，波斯阿契美尼德王朝[①]的历代国王统治着亚洲，珀塞波利斯的废墟被确认为他们的宫殿遗迹。著名的大流士（Darius）[②]就是这个皇室的成员，希罗多德说，君王“凝视博斯普鲁斯海峡，命人在海峡旁竖起两根由白色石头雕成的柱子，其上刻有文字。一根柱子上刻着亚述文，另一根上则刻着古希腊文字，这些文字的内容为他领导之下的所有国家的名字”。（希罗多德著《历史》第四卷，第87页）事实证明，用两种或两种以上语言雕刻同样的铭文（当然这是为了让所统治

① 前550—前330，又称波斯帝国，是古波斯地区第一个把版图扩张到中亚及西亚大部分地区的君主制帝国。

② 即大流士一世，前550—前485，波斯帝国的第三任君主，在他的统治下，波斯帝国达到鼎盛。

的不同民族都知晓他们颁布的法令而必须实施的手段）是波斯国王的习惯。

为了寻找答案，一位1758年出生于巴黎的法国学者萨科先生（Mr. de Sacy）抄了一些萨珊王朝（公元226—651年统治波斯）的铭文。这些铭文是用一种已知的字母书写的，混合了波斯文字和亚拉姆文字，叫作巴列维文（Pehlevi）。萨科抄写的部分铭文的行文风格如下："我（M或W）是王中之王，王中之王（X）的儿子，确实如此这般。"然后，格奥尔格·弗里德里·希格罗特芬德博士（Dr. Georg Friedrich Grotefend）结合一些事实，提出了一个这样的理论：希腊的碑文是用三种语言写成的，而并非像卡斯滕·尼布尔猜测的那样是一种语言的三种字母。他观察到某些字符组合会重复出现，因而得出结论，"碑文是一种固定的表述，只是在专有名称上有所不同"。如果碑文一开始像萨科解读的那样，X是王中之王，王中之王D的儿子，那么D是X的父亲就一目了然了。此外，D的父亲不是国王，因为他的名字后面没有国王的头衔，因此D是一个皇族的创始人。原来，大流士的父亲叙斯塔司佩斯（Hystaspes）不是国王，而是冈比西斯（Cambyses）手下的一个总督。凭借他的历史知识与语言学方面的才能，格罗特芬德找到了解开这个皇族名字的钥匙。他在提出这一发现的30年后去世，但除了"幸运地猜中了一篇亚述铭文中尼布甲尼撒（Nebuchadnezzar）的名字"之外，他并未取得其他成就。随后人们又做了其他破译工作，但结果是为一位才华横溢又勤奋的英国人预留好了的，最终，已故的亨利·劳林森爵士（Sir Henry Rawlinson）发现了解读波斯、巴比伦和亚述古老语言的关键，因此"人类终于了解到了世界历史中几乎已完全遗失的一章"。那位杰出的学者声称他在解释楔形文字方面的价值几乎等同于发现罗塞塔石碑对于解释埃及象形文字的价值，这丝毫没有夸大的成分。（《考古学》第34

卷，第75页）

劳林森的成就证明了他所言非虚。19世纪50年代，作为一名中尉，他被派往波斯训练沙[①]的军队。当时，他已对东方历史和古迹产生了浓厚的兴趣，很高兴自己所处的地方拥有如此丰富的资料，但这些资料意义晦涩，这就加速了他的调查。其中有一篇三种语言写就的铭文，可以追溯到公元前6世纪早期，它被雕刻在贝希斯敦一处悬崖裸露的岩石表面。贝希斯敦距克尔曼沙赫约20英里[②]，该地区有大量古石碑（图39）。

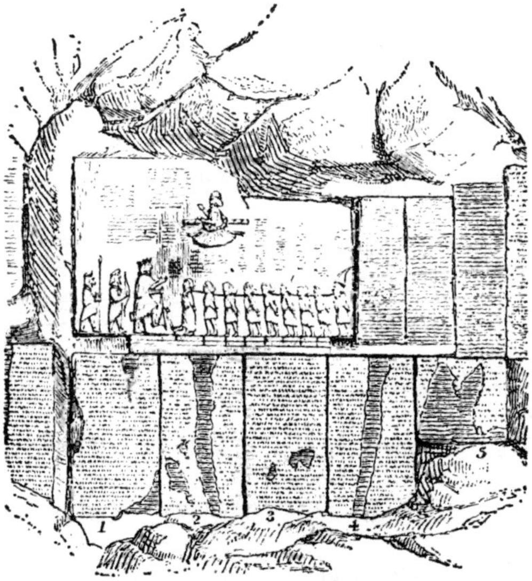

图39　贝希斯敦岩石上的铭文

冒着丧命和摔断四肢的风险，他爬上陡峭的悬崖表面，用可行的手段将那些能接近的铭文拓下来。几年中他断断续续地做着这项工作，经过一

① 旧时伊朗国王的称号。

② 1英里≈1.6千米。

系列努力，终于获得了一份包含大量保存完好的文字铭文。铭文上刻有三种语言，巴比伦语、米底语（塞西亚语）和波斯语平行纵向排列，每种文字都有1000多行。它是为了纪念“大流士·叙斯塔司佩斯的生活和行为、他的征战以及他统治的国家”。浮雕上描绘着这位君主一手执弓而坐，双脚踩在匍匐在地的篡位者高墨达（Gaumates）身上。这位“王中之王”面前站着9个反叛的王子，他们站成一排，脖子被拴在一起，每个人的肖像上刻着他们各自的名字。他们后面是君王的两个士兵。高墨达的肖像上写着：“这是高墨达，巫师，他撒了谎，他说，我是司美尔迪斯（Smerdis），赛鲁士（Cyrus）的儿子。”9个俘虏的头上都有同样的表述。“这是某某，他撒了谎，他说他是某国的国王。”铭文的开头是向马兹达——古波斯的光与纯洁之神的庄严祈祷，接下来详细说明大流士享有阿契美尼德王朝的王位继承权，并拥有波斯的王位。它还叙述了司美尔迪斯的失败以及位于波斯和巴比伦之间的一个省苏锡安那的叛乱。“我派去一支军队，反叛的阿特里那（Atrina）戴着镣铐，被带到我的面前；我杀了他。”关于其他叛逆者，铭文中也做了同样的叙述。据说，其中一个叛逆者普拉欧尔铁斯（Phraortes）的鼻子、耳朵和舌头都被割掉了，他“和他的同谋被钉在埃克巴坦纳的柱子上处以死刑”。接下来的铭文是这样的：

“国王大流士说道：这些国家违背我的统治。谎言将他们与我分离。你们在这里看到的这些人欺骗了我的人民。我的军队按照我的命令将他们抓获。国王大流士说道：噢，将来要成为国王的人，务必不要犯下欺骗的罪行。邪恶之人应受到他该受到的审判。你若这样统治，你的王国将变得伟大。国王大流士说道：我所做的一切，都是借着马兹达的恩典。你若在这块石头上读到我的行为，不要认为自己受到了欺骗，也不要迟疑，请相信它们。国王大流士说道：马兹达见证，这些事实并非出自我说谎的嘴唇。”（参见《皇家亚洲学会会报》，1844—1846年，1851年；《亨利·罗林森爵士生平》第146、153、326页）

正如马哈菲教授（Professor Mahaffy）指出的那样，这一记录准确的对应性，“特别是其中包含的许多专有名称与希罗多德描述的人名和省份的名称一致，有力地证明了破译的准确性。它将使人们对保存下来的文献风格有一些了解。它还证明了希罗多德和色诺芬（Xenophon）对古代厄斯人性格描述的准确性，他们最显著的特征是对真理真诚的爱与对谎言的憎恨，我们认为这是一个民族最值得尊敬的地方，但令人遗憾的是，大多数东方国家，实际上还有希腊，都欠缺这个品质”。（《序言》，第196页）

亨利·罗林森爵士对贝希斯敦铭文的破译，也许比任何其他事情都更有助于打开长期关闭着的通往美索不达米亚文明的秘密大门。波斯铭文中的语言是现代波斯语的母语，它的意思已经被破解了，接下来是对米底语或塞西亚语以及三者中最古老的巴比伦语的破译，在文字从表意文字经由音节文字再到字母的各个发展阶段，几个字符为我们提供了宝贵的具体实例。

人们最初似乎是将楔形文字刻在一种叫作伊库斯的植物制成的物质上，但这个位于冲积平原上的国家拥有丰富的黏土资源，黏土使用起来更为方便，而且可以永久保存，所以逐渐被当作广泛使用的刻字材料。先用芦苇或方形笔在黏土做的书板上刻文字，然后将这些书板烤干或晒干。若要在石头或金属上刻字，他们就会用凿子。亚述抄写员写的文字通常非常小，一个极小的书板里包含了大量信息。这项工作十分费劲，有时还需要用到放大镜。奥斯丁·莱亚德爵士（Sir Austin Layard）在尼尼微发现了一个由车打磨成的水晶透镜，很可能就是被当作放大镜使用的。显然，选用的材料说明了这些文字为什么会有尖角，就像染匠的手“会染上颜料”，雕刻家试图用来表达其观念的材料性质很大程度上限制了他们的表达。菲狄亚斯[①]（Phidias）不可能用坚硬的赛伊尼[②]花岗岩雕刻他的雅典娜女神；尼罗河谷的狮身人面像也是埃及人性格的产物，如果他们用彭特利库斯山的大理石塑造狮身人面像，那么或许它的表情就不会那么冷酷。然而，尽管这些生硬的楔形文字很大程度上掩盖了它们的起源痕迹，尽管我们还没有在美索不达米亚发现与那些已经找到了原始来源的象形文字一致的图画文字的例子，但有充分的证据证明它们起源于象形文字。在被称为线性巴比伦的时期，表示“太阳”的象形文字是一个钻石形的图形，后来变成了，而在最新的楔形文字里则是。很明显，最早的标志是一个圆圈，在石头或黏土上不容易描绘出来，因此它就变成了上图所示的棱角分明的文字。所附的表格是平切斯先生（Mr. Pinches）提供给基恩教授（Professor Keane）的，并发表在他那本精彩的专著《人类的过去与未来》里，这个表格给出了一组楔形文字从已知最早的象形文字衍生而来的典型例子。

我们用尼尼微表意文字作为与表格中列举的例子有关的插图。这个文字的古体形式证明，它是由一座房子围住了鱼的表意符号组成的表意图像，这样就保留下了指示性的事实，即尼尼微帝国就如它的名

---

① 古希腊著名雕塑家、建筑设计师，代表作为宙斯巨像和巴特农神庙的雅典娜巨像。

② 现名阿斯旺，埃及南部的重要城市。

字所指示的那样（nun，意为“鱼”，是闪米特字母表中的第14个字母的名称），最初是一系列渔民的小屋。（参阅泰勒，第一卷，第41页）楔形文字中新旧两种写法常常混合在一起使用，同一个符号有时会有不同的意义，这增加了解释的难度。其他语言在发展的早期阶段也使用了限定词，比如所有人的名字之前都会有一个竖着的楔形，国家的名称前面则会有三个水平的楔形，等等。但在（下列）表格里给出的例子中，我们能看到符号逐渐简化的过程，比如在表示“公牛”的符号中，很显然，公牛的头和角逐渐变成了表音符号，贝希斯敦铭文则展示了文字简化的明确阶段。

第三列累赘的楔形文字有500个符号、表意文字、表音文字和同音异义词，第二列的米底文字由96个纯音节符号写成，而波斯文字则用36个字母符号来书写相同的故事，其中只保留了4个原始的表意符号。顺便还可以注意一下，我们至今还在使用表意文字，并且有许多这方面的例子。比如身体的某些部分，像手①、脚②、胸部③（在盎格鲁-撒克逊语中为foethem，即“fathom④”，或两只伸展开的手臂之间的距离）和前臂⑤（拉丁语为ulna，盎格鲁-撒克逊语为eln，这就是ell⑥一词的来源），这些词都成为并且现在依然被作为测量的标准，某些计算方式也是如此。数字I、II、III、IV（拉

---

① 原文为hand，意为手，同时也是一个测量马的高度的单位，表示一手之宽，等于4英寸或10.16厘米。

② 原文为foot，意为脚，同时也是一个长度单位，即英尺，1英尺约为0.3米。

③ 原文为bosom，意为女人的胸部。

④ 英寻，测量水深用的长度单位，合6英尺或1.829米。

⑤ 原文为forearm，意为前臂。

⑥ 意为埃尔，旧时量布的长度单位，相当于45英寸或115厘米，原意为前臂，也是手肘到指尖的长度。

阿卡德楔形文字的演变

丁语digitus，意为“手指”）毫无疑问是手指的图形，格罗特芬德博士给出了充分的理由，V是四根手指并拢、大拇指张开的图形，X代表两只手，IV是一只手减去一根手指，VI则是一只手加上一根手指。原始的十进制计数法在原始民族中的应用十分广泛。在国际象棋中，用不同的图形来表示不同的棋子；在行星符号中，☿代表墨丘利（水星）的双蛇杖或魔杖，♀代表维纳斯（金星）的镜子；而昆虫学家在整理标本时，则分别用这两个符号代表雄性和雌性。我们用♂来表示马尔斯（火星）的盾牌和长矛，表示丘比特（木星）的符号♃描绘了一条胳膊挥舞着一道雷电，刈草人的镰刀♄是农业之神萨图恩（土星）（拉丁文sero，satum，意为“播撒”）的符号。由古迦勒底人绘制的黄道十二宫的符号为我们提供了一个更具说服力的例子。埃及的丹铎神庙上描绘了这些符号，也许那些就是它们的原始图形符号可追溯的证据，而现在我们依然能在日历（参见惠特克年鉴）的月份名称中看到这些符号，并且还能在现在的符号中发现它的身影。例如，代表白羊座的符号♈中就保留了弯曲的羊角，代表金牛座的符号♉中保留了公牛的头和角，代表射手座的符号♐中保留了一支箭和弓的一部分，就像泰勒博士指出的那样，“我们发现奇特的符号♑保留了摩羯座的整体轮廓，小圆圈是山羊的头，头下面是前腿，身体和尾巴则向左边伸出去”。在年鉴中像这样的条目“○升起，4点25分”“☽11点54分”“◍10号，早上9点32分”，“♃3420”在木星卫星的相对位置表格中。在金钱、重量、计量等符号中，我们会发现也有图画文字的身影。那些几乎消失了的商业招牌无疑起到了象形文字的作用，将不识字的人引向他们想去的商店。各处的理发店杆子上都缠绕着带子，这让我们想起了过去的放血疗法。佛罗伦萨的当铺将大金融家们的金球挂在店外晃荡，作为一种符号用来迷惑那些不节俭的人。马丁先生的“蚱蜢”、霍尔先生的“皮革瓶”，以及金匠铺子商业招牌的其他残留物都让我们想起过去奇普街和朗伯德街的商店前摆着许多这样的招牌。

让我们回到楔形文字上来。我们要记住，汉字是单音节的，字典中有四万个字。汉字的符号是表音符号或表声词的复合词，限定词则是确定表音符号确切意义的关键。而幼发拉底河流域的古代人的语言是多音节的，因此符号能表示完整的音节就尤为必要，两者都很复杂，“他们的多音节文字中有多个辅音，或简单的音节仅由一个辅音和一个元音组成，反之亦然”。（《文明的曙光》，马伯乐著，第729页）人们在巴比伦的图书馆中发现了大量写在砖头上的简短的语法记录，我们称之为音节表。表中列出了一组字符，一边用简单的音节解释声符，另一边则用表意文字解释。当一个音节这样被采用之后，音节的合并就会影响到单词的组成。“但是一种多音节的语言并不像汉语的单音节语言那样容易划分音节”，哈勒维解释了这个困难是如何被克服的。至少在某种程度上，人们采纳了截头法音表（acrology，希腊语“akron”，意为“极端”，等于顶端或最初）的原理，即根据字母的外形和某些名称以该字母开头的常见事物之间的相似性来选择该字母的名称。埃及语、俄语、北欧语和其他字母表都采用了这种通过以字母开头的单词来重新命名字母的方法。例如，在俄语中，字母b不读作“beta”，而读作“buki”，意为“山毛榉”。字母d也不使用旧称“delta”，而是采用了“dobro”的名称，意为“橡树”。在我们祖先的北欧字母中，b读作“beorc”或者“birch”，th读作“thorn”，而对于我们来说，在古老的童谣中，截头法音表体系更接近它的起源：“A是一位弓箭手，他在射一只青蛙；B是一名屠夫，他养了条大狗[①]”，等等。

早在巴比伦人出现以前，这种音节文字的发展就受到了美索不达米亚更古老的居民阿卡德人，或者更准确地说，阿卡德人和苏美尔人的影响，

① 原文为：A was an Archer, who shot at a frog ; B was a Butcher, who had a big dog.

阿卡德人定居在该地区的高地上，苏美尔人则定居在平原上。这两个民族的亲缘关系都没有确定，一些民族学家认为他们属于芬兰-土耳其人血统，另一些则认为他们属于鞑靼-蒙古人的分支。没人知道他们是在什么时期迁移到了迦勒底的，因为在有史料记录之前，他们就已经和征服者闪米特人融合在一起了。公元前几千年，后来被称作巴比伦人的民族入侵了迦勒底。据推测，与其他闪米特人——像希伯来人、腓尼基人等一样，巴比伦人最初的家乡也在阿拉伯南部。巴比伦人与被征服的民族的血统相融合，在肥沃的冲积土形成的低地地区从事农业生产，而他们的一个分支亚述人则占领了两条大河以北的多山和树木繁茂的地区，保持了纯粹的闪米特血统。这些“东方的罗马人”是士兵和商人，他们坚信“贸易跟随国旗走”，因此从事着许多具有侵略性的事业，击败了腓尼基人和其他商业上的竞争对手。但是，单单依靠武力的亚述帝国最终也被武力所灭亡。

至于阿卡德人（这个术语也包括前闪米特居民），当他们入侵迦勒底时，已经跨过了原始阶段。他们懂得如何使用金属，是技艺高超的建筑师，还是优秀的工程师，在那些离不开水坝和运河的沼泽地区，这一点尤为重要。他们的法律标志着他们的社会组织已十分先进，正如我们所见，他们的文字已经变成了音节文字，他们的文献除了记录日常生活细节之外，还为我们提供了了解一种宗教的关键信息，这种宗教深刻影响了巴比伦人，通过他们，希伯来人最终影响了整个基督教世界。那种宗教是高级思想和低级思想的混合体。从根本上说，它是一种萨满信仰。他们崇拜太阳、月亮、星星和地球等自然现象，但是，就像在所有宗教中一样，那些与人的事务和人际关系联系更为紧密的东西会更坚定地受到崇拜，因此人们非常相信魔法以及与之共存的符咒、咒语和咒文等用具。除了世界各地的原始民族中普遍存在的迷信表述之外，我们还发现了人们向伟大的神求助的忏悔诗篇与宗教言辞，其中一些与希伯来神圣的诗歌水平相当。图书馆中收藏了大量这类世俗与神圣的文献，对这些文献的解释是现代学术中的一个辉煌的成就，它们的内容使我们认识到文字艺术对于人类来说是极其宝贵的。

至今，已知的最古老的楔形文字是镌刻在闪米特国王萨尔贡一世（活跃于公元前3800年）的斑岩圆柱形印章（图40）上的铭文。该铭文的内容如下："萨尔贡，阿卡德城的国王，献给我前往的西帕拉城的太阳神（萨那斯）。"一块石碑上记录了一个关于这位国王的神话，它可能就是婴儿摩西被放进纸莎草篮子中的神话起源，现在这块石碑和印章都被保存在大英博物馆里。

图40　萨尔贡一世的圆柱形印章

另一个著名的楔形文字遗迹是秃鹫碑，其很大一部分被保存在卢浮宫。

它大约可以追溯到公元前4500年，其中一些石碑上雕刻着图像，有一幅描绘了秃鹫带走被杀死之人的脑袋的场景（这也是石碑名字的来源）。除此之外，石碑还记录了瑟普拉（Sirpurra）的祭司王伊安纳杜（E-anna-du）在伊拉姆边境打败“弓之土地的民族”，战败国被强制向战胜国进贡谷物。其他铭文证明，“公元前4000年，艺术得到了充分的发展，人们竖起雕像，在战争中使用战车，使用银和铜，知道如何纺织和制作陶器，还发展出了一套能计算千位数的复杂计算系统”。但是，与巴比伦北部的努法尔或尼普尔城的废墟相比，这些东西就显得没那么古老了。在后来的遗迹里挖掘出的数千块石碑中，人们发现了一些关于萨尔贡一世的记录，除此之外，彼得斯博士在汇报海恩先生获得的铭文材料时写出了如下发现：“我们发现尼普尔是个伟大而繁荣的城市，就像亚伯拉罕的时代早于现在一样，在早于亚伯拉罕的时代之前，它的庙宇——贝尔神庙是当时主宰世界的民族的宗教中心。我们发现了不少于6000年的文字记录，并证明了当时绝非文字和文明出现的初期。除此之外，我们的探索表明尼普尔的历史比我们发现的最早的书面文献历史更为悠久，至少要早上2000年。”（《尼普尔：宾夕法尼亚大学的探险故事》第二卷，第241页）对此，希尔普莱契博士（Dr. Hilprecht）评论道：“我非常肯定建造贝尔神庙和人类最早在尼普尔定居是在公元前7000年到前6000年之间，或者更早。”（《学院》，1898年4月30日，第465页）

虽然它们距今已经有将近5000年的历史，但人们对这320块刻了楔形文字的泥板（图41）兴趣却十分浓厚。1887年，它们于阿马纳（尼罗河东岸的一个村庄的阿拉伯名字，该村庄位于曾经享有盛名的城市孟菲斯以南80

英里处）遗址中被人发现。这个村庄坐落于阿蒙诺菲斯三世建立的一个城市的旧址上，因此，我们知道这些文献的日期，包括国王收到的信件，是在公元前1500年到前1450年之间。

图41　阿马纳石板（约公元前1450年）

其中的两块石板上刻有传说，一块刻着献给战争之神的赞美诗，但更多的则是埃及国王和西亚国王之间的往来信件，很多信都用埃及象形文字标上了日期和发信人的姓名。其中一块石板来自一位赫梯王子，上面刻着古老的阿卡德语。它们为我们提供了关于埃及和巴比伦之间的政治和商业关系及各个国王之间关于妻子和财政援助的谈判的宝贵信息。“这些都是楔形文字，不太可能被埃及宫廷轻易破译。因此，巴比伦国王通常会在送出石板的同时派遣随行的译员，而且几封信中都提到了这样的信使。但毫无疑问，法老们有一个能读写楔形文字的抄写员，此人的职责就是翻译信件和写回信。一些石板就是这些回信的复制品，也以楔形文字写成，但只是作为参考资料保留下来，就像现在我们会留下重要信件的副本一样。”

阿马纳石板的实际内容是次要的，更为重要的是，我们知道了在公元前1500年，楔形文字就已在巴勒斯坦得到使用的事实。因此，巴比伦神话和传说很可能在《创世记》成形的几个世纪之前就已经在自由地流传了。如此一来，“巴勒斯坦被以色列人入侵之时”，创世记、人类的堕落和大洪水这些起源于迦勒底人的传说（图42、图43、图44）“还能在巴勒斯坦很好地流传下来，以色列人从他们征服的人民中学习到了这些传说，而且花了大量时间修改它们，最终使之成为希伯来文学中的形式”。（《亚述的见证》第11页，希尔佩里克·爱德华兹著）

图42　叙述创世记的石板

图43　叙述大洪水的石板（迦勒底叙事诗）

图44　叙述大洪水的石板（迦勒底叙事诗）

第六章
埃及象形文字

我在上文中提到了一些历史最悠久的文档还不为人所知，现在就让我们离开亚述，来到埃及这片已不再神秘的土地。这片土地一直以来都是一份神秘的“礼物”，它的过去就像它之上那条大河的源头一样隐秘。我们是在20世纪才发现解读这段历史的关键资料与滋养尼罗河的庞大水域的。从雅典建城之前的几个世纪开始直到20世纪，伊西斯[1]的面纱一直笼罩着棺材、墓室、石碑、墓碑、方尖碑和庙宇上镌刻的铭文的意义，以及对莎草纸古卷之上的文字的解释。值得注意的是，在这些记录中，死亡这件将一个人及关于他的记忆从他的同胞中清除的事情，在埃及享有至高重要性，事实上，在全世界所有地方都是如此，但在埃及最为著名的是对死者的保存。因为在那里，与死者有关的一切都被小心翼翼地保护着。正如我们在其他地方经常见到的那样，坟墓仿照房子的设计而建，人们还会在其中摆

[1] 古埃及神话中的生命、魔法、婚姻和生育女神。

放餐具、食品和饮料，或者在墙上装饰绘有这些东西的画，以满足埃及人认为的一个人的八个本体中的灵魂、精神或其他几个本体的需要。

就像我们已经了解过的其他象形文字系统一样，埃及文字之所以会引发我们的兴趣，是因为它保存了文字起源的痕迹，并且使得它的大量“目击者”见证了所有识字民族创造文字都要经历的几个发展阶段。直到最近，大家对它的兴趣还在于它是文明世界字母表家族的本源，但是，正如后面我将说明的那样，这个理论已经站不住脚了。尽管已知最早的埃及象形文字中（希腊语“hieros”意为神圣的，“glpho”意为雕刻，所以人们认为只有祭司才会使用文字）包含字母字符，但它们还是作为极为精细的象形文字流传了下来，记录涵盖的漫长时期中发生的变化如此之小，以至于引用惠特尼教授的话来说就是，“它（这种语言）就像是从未忘记自己的单词是如何派生出来的，或者如何破坏了词源形式，多大程度上改变了单词的意思”。因此，尽管埃及人早在公元前5000年就发明了字母符号，但它们从未发展到能完全独立使用的阶段，一个原因是种族的保守本能培养出了人们对旧事物的崇敬，不愿做出任何改变；另一个原因是，正如弗林德斯·皮特里教授（Professor Flinders Petrie）指出的那样，他们“对一切事物的处理本质上都具有装饰性，埃及人对外貌和绘画的热爱比任何其他民族都要强烈”。埃及人的象形文字保持着纯粹的图画和艺术特征。这些象形文字本身就是一种装饰，它们的装饰效果比在句子中的地位更重要。我们在亚述人的某些雕塑上会看到一些野蛮行为，上面的铭文刻得十分潦草，完全没有设计感，这肯定不是埃及人所为。目前，有一种观点认为，许多文字或想法都用两种不同的字符来表示，一种字符宽，另一种则窄且深，这样设计的和谐就不会被一个不合适的元素破坏。结果，埃及人获得

了世界上最美丽的文字。（《埃及装饰艺术》，第4页）

这种文字有三种类型（图45）：a. 圣书体；b. 僧侣体；c. 世俗体。世俗体源于僧侣体，而僧侣体又源于圣书体。

图45　代表“人”的圣书体、僧侣体和世俗体符号

a. 象形文字、表意文字和表音文字

即代表字、思想和声音的符号，组成了1700个象形文字，而更古老的符号则保留了它们起源于原始图画文字的痕迹。它们被雕刻在各种石头上，被刻在或画在木头或石膏上，被写在莎草纸或兽皮上，都呈垂直排列。

随着现代挖掘者的热情加速，很快就会有新的发现，所以在这些文字被印刷出来之前，可能还会有一些额外的发现，而其他的则会被掩盖，例如以色列人在埃及暂居和受到的压迫，以及他们从“奴役之家”逃离的铭文证据的发现。在很长一段时间里，吉萨和阿什莫林博物馆（每个机构都拥有遗迹的碎片）中展示的已知最早的象形文字是纪念谢拉（Shera）的残缺不全的石碑或石板，他是一位祭司，也是第二王朝第五位国王塞凯密布（Sent）的孙子，根据弗林德斯教授的年表记载，大约公元前4500年是该王朝的繁盛时期[①]。这份记录用了三个字母来拼写国王的名字。但在1897年11月，博查特博士（Dr. Borchardt）做了一项汇报，该汇报的内容是，那年春天，德摩根先生（M. de Morgan）在科普多斯对面、底比斯北边一点儿的

① 埃及第二王朝存在于约公元前2890年到前2686年，此处原文有误。

纳迦达发现了一处皇家墓穴，人们从中取得了一项重大的发现，即第一王朝的创始人美尼斯的在世时间之前被弗林德斯教授确定为公元前4777年，“也许这个时间错误长达一个世纪”。吉萨博物馆中现在还保存着煅烧后的遗留物，其中一枚象牙纪念章的破损碎片上刻着灵魂的名字，并附有MN的字样，即美尼斯的缩写，这是法老生前的名字。假设博查特博士的解释被埃及古生物学家所接受，这就证明了象形文字系统在那时就已得到了充分的发展。顺便说一句，在弗林德斯·派特里教授于1895年在底比斯北部地区发现的前王朝家族的遗迹中，没有发现象形文字或其他文字的痕迹。人们发现了有关金属知识的证据，但没发现关于陶轮的知识。因此，文字可能是随着第一王朝进入埃及，根据德摩根先生的说法，第一王朝是由迦勒底的闪米特人的后裔所建立。

但是对于阐释早期埃及人的想法来说，比钢铁或石板上的铭文更为有趣的是名为“白天即将到来的集会”与“增强赐福精神的集会”，即俗称《死亡之书》的神圣文献的部分复制品。坟墓是人类对于来世的观念，以及人类的希望与对生者的慰藉的庄严体现，它包括赞美诗、祈祷和对抗所有敌对者和恶灵的咒文。在灵魂去往阿蒙提的路上，这条路同样也是通往福地的路，死去的奥里西斯①会吟诵咒文（如果奥里西斯叫到一个人灵魂的名字，则表示他喜欢这个人的灵魂）。我们没有能力和时间来阐述这几章的内容，幸运的是，沃利斯·巴奇博士（Dr. Wallis Budge）翻译了所有文本，再加上一些出色的复制插图，我们不太宽裕的预算尚能负担。但有一个奇怪又突出的特征我们应该可以参考，因为它表明，名字作为事物

① 古埃及神话中的冥王，也是植物、农业与丰饶之神。

不可分割的一部分的原始观念一直存在着。（关于这个主题，请参见作者的《汤滴答：论民间故事中的原始哲学》，1898年）奥里西斯不仅必须能背诵诸神的名字和头衔，还要能背出他所乘之船的每个部分的名字，用航海用语来说就是背出“从旗杆帽到龙骨”的名字，他想乘着这艘船穿过那条流淌到阿蒙提的大河。然后，在他进入两真理殿，也就是真理与正义之殿——奥里西斯与42位死亡判官所在之地前，长着豺狼头的阿努比斯要求他说出每一扇门、每一根柱子和每一件木器的名字。如果他能正确地说出来，灵魂就会用道德高尚的语言来宣告自己的清白，同时它也揭示了古埃及社会的美德和罪恶，我们可以清楚地看到，与记录历史的文献相比，记录历史的纪念碑有多么缺乏。这本了不起的作品的创作年代不详。由于年代久远，以至于我们所拥有的最早的副本显示，抄写者在抄录副本之时，也就是大约600年前，他们已经不太清楚文本的确切含义了。人们在古代的坟墓——金字塔中发现了它的碎片，石头或木头棺材上写着篇章或冗长的摘录。大约公元前1580年，底比斯国王驱逐西克索斯人（或称牧羊人王朝）之后，人们开始更多地将莎草纸用于书写。

其中最有力证明的例子之一是《阿尼纸莎草》，属于底比斯校订本，在第十八王朝到第二十王朝（前1587—前1060）期间得到了广泛的应用。下面这段摘自第七十二章的文字足以说明书面文字的神奇特性，沃利斯·巴奇博士将它翻译成了抑扬顿挫的英语：

> 如果这世上（的死者）知道这种文字，这一章节被写在（他的）棺材上，那么他将能在白天以他渴望的任何形式出现，他将能进入（他的）地方，不会被拒之门外。面包、麦芽酒和肉将被

献给奥西里斯，奥西里斯祭坛上的抄写员阿尼……小麦和大麦将被献给他；他将在那里繁盛兴旺，就像在人间一样，他将随心所欲，就像阴间的神一样，存活千秋万代，永远永远。

沃利斯·巴奇博士经过编辑，最近增补了《阿尼纸莎草》的莎草纸和其他与《死亡之书》有关的文本的复印和翻译问题。其中有一本《呼吸之书》是用一种晚期的僧侣体写的，成书年代可以追溯到前基督教时代晚期。书中记录了一个仪式，据说由牧师为死者举办，教导大家信仰身体复活和在尘世达到物质幸福的状态。“你的灵魂将继续存活，”接下来的经文这样写道，“你腐朽的身体将会迸发出生命，而你将永远不会腐烂。”“愿他的灵魂去往任何他想去之地，愿他生活在大地上，直到永远。”

在某种程度上，埃及文字的故事清楚地说明了通常文字发展的各个阶段，所以它的叙述即使有一些重复，也会对我们很有帮助，而且当它与其他文字的故事一致时，就更是如此。

不用说，呈现一个物体是一件非常简单的事情，只要运用最原始的绘画技巧，就足以画出一幅能让人一眼就看出其本身意义的画。但是当人们需要用图形来表达思想时，例如，表现邪恶和美德、时间和空间、健康和疾病，象征意义就出现了。在前面提到的文字所产生的插图中，还可以加上一些埃及表意文字的例子，在我们第一次见到它们时，可以说整个象形文字系统就已经被改变了。蜜蜂是亲情的象征，也是勤奋的象征；一卷莎草纸代表知识；一只鸵鸟的羽毛代表正义，因为人们认为这些羽毛是一样长的；一根棕榈枝代表一年，因为人们普遍认为每一次新月出现，棕榈树就会长出一根新枝条。不过，正如格利登先生（Mr. Gliddon）所说，更合理的原因是人们每年都会剪掉长得较低的靠近树干的叶子。指代祭司的表意符号是一只豺狼，这并非因为他“侵吞寡妇的房屋”，而是因为他的警惕性很高；而用秃鹰来指代母亲，则是因为人们认为这种鸟会用自己的血来哺育幼鸟。用一头奔向水边的小牛犊来代表口渴；用一根挥舞着的鞭子来代表力量；用两条胳膊—— 一条持盾牌，一条持标枪来代表战斗。达科塔印第安人则是用两条分别指向对方的胳膊来代表战斗。“夜晚”的表意符号是一颗悬挂在一条曲线之上的星星，这一点与奥吉布瓦人一样；而古代墨西哥人则用一个带有眼睛的半圆形并在上面附加星星来表示夜晚。

当用图形表示对于所有人来说具有共同性质的事物时，伊努特印第安人和古埃及人用来代表饥饿、口渴、祈愿等的符号——实际上还有不论旧世界还是新世界的各个民族的许多其他符号，他们的文字还没有发展到纯粹的语音阶段——都有这种相似性（图46）。例如，流水是个象形文字，但人们会用一种或另一种符号来表现与仪式有关的水，呈现它的不同性质。在埃及和墨西哥，人们将其描绘成从一个容器中流出，埃及的表意文

图46　表意符号对比

字中则有一个跪着的人物，双臂高举，好像在膜拜或感激。埃及和墨西哥表示否定的符号也有一些相似性，但这就给所有抽象的符号解释带来了疑点。

显然，这种通过图形设计来表达思想的方式——解读隐喻经常像解谜一样——暗示了翻译者良好的记忆力以及对联想的清晰把握。至于符号的意义，任何不确定或含糊不清都会引起混淆，这比没有用更糟糕。因此，在处理汉字时就会涉及加入“限定词”。这些词有两类：特殊的和数量更多的，它们的用法仅限于一个词或一个概念；一般来说，大约有200个，就像中文里的“钥匙串”一样，指的是整组的单词。

但是概念必须被安排进句子里，而句子由名词、形容词、动词和其他种类的词组成，无论象征手法多么巧妙，都无法为这一切做好准备。此外，虽然汉字的应用受到限制，但可以用图形来表达的思想却在不断发展，因此，随着时间的推移，就没有足够的符号可以“分配”。一种消遣的方式出现了，由此产生了一种人类做梦也没有想到的发明，那就是利用事物的图像，这些图像意义不同，但名称却有着相同的发音。换句话说，也就是名为图形字谜的图像双关语。圣公会牧师泰勒（Canon Taylor）引用的埃德夫神殿的一则描述托勒密十五世的碑文，就是由音节符号组成复合音标的一个有趣的例子。碑文写道：“似乎无法察觉到古埃及人微弱的幽默感。青金石的名字是‘khesteb’。现在‘khesf’的意思是‘停下来’，音节‘teb’的意思是‘一头猪’。因此，人们发明了‘让猪停下来’的图形字谜，用图像—— 一个人拉着一头猪的尾巴来阻止它——来表示青金石的名字。”也许牧师是对的，但在西方，这种行为通常是为了让猪继续前进。另一个图形字谜的例子出现在奥西里斯的名字中，在埃及语中他的名字是Hesiri（沃利斯·巴奇叫他埃米尔）。在这个例子中，很可能是用一个坐在椅子上的人"hes"和一只眼睛"iris"来代表神。但由于埃及古生物学家还在不断修改解释，我们应该谨慎引用。一块岩石上的插图应该是采用了一把鲁特琴作为表音符号来表示单词"nefer"，也就是"好"的意思。但似乎人们都认为画着一颗心脏和气管的图像才代表鲁特琴！

最后，在谈到埃及时，我们不知道什么时候，也无法猜测在什么地方，有一些人突然意识到这个事实，即人们说出的所有话都是用几个声音来表达的。因此，还有什么方案比从一大堆庞大而混乱的表意文字、音标和它们的同类中选出一定数量的符号来表示某些固定不变的声音更好的呢？

这就是字母表的诞生，人类思想最伟大和最重大的胜利之一。最早的音标代表音节，而不是单个字母，元音和辅音的区别符号是后来才引入的；事实上，一些字母表尤其是希伯来语和其他闪族语都没有真正的元音，而只有区别符号，也就是用所谓的变音符点来表示。概括地说，我们有：①象形文字；②表意文字；③表音符号代表单词；④表音符号代表音节；⑤字母字符。"字母表中的字母比金字塔更为古老"这句话是真的，远古时期的埃及人似乎一开始就从他们400个口头表音符号和音节符号中选择了45个当作字母使用，但其中有一些符号他们很少用到或有特殊的用法，这导致他们将这些字母进一步减少到了25个。"所有需要做的事情就是大胆地采取一个简单的步骤，抛弃所有非字母元素，同时清除多余的无用之物，摈弃埃及抄写员盲目固守着的所有表意文字、同音字母、多音字母、音节和象征标志，因此，不知不觉，埃及人拥有这套近乎完美的简约字母表的时间几乎就无法说清了。"（泰勒，第一卷，第68页）他们没有迈出这一步，而是继续使用眼睛看到的图像和耳朵听到的声音，而不是使用固定的符号来表达特定的声音。

b. 僧侣体

被称为僧侣体的手写文字是一种简化后的常规象形文字。后者的使用范围主要限制在纪念某人以及类似的目的上，而神职人员在抄写文学作品时则会使用僧侣体，其中最著名的就是《死亡之书》，莎草纸是他们最常用的材料。它是由纸莎草制成的，这种植物曾经在尼罗河沼泽地区生长得十分茂盛，但如今早已灭绝，现仅在西西里岛能寻到它的踪迹。它对古埃及人来说有许多利用价值，就像竹子对于过去的中国人和其他东方人一样。“根被当作柴火，部分植株可食用，其他更粗糙的部分则会被做成纸、船、绳子、垫子等物品。”准备将纸莎草做成书写材料时，人们会先将它的外表皮和木髓去掉，然后将它切成条状，并排放置，然后将另一组纸莎草条与这一组交叉串在一起，并用一种很稀的树胶溶液固定，这样就得到了一片纸莎草编织物，之后将其压扁，在太阳下晒干，最后将表面抛光。人们常常将这些纸莎草片连在一起做成一卷，有时长达100英尺以上，宽6到17英寸不等。《死亡之书》中最好的莎草纸宽约15英寸，如果一张纸上包含很多章节，那么就会长达80至90英尺。人们将芦苇的末端捣得像支刷子，或者在一定程度上切得像支笔，专业的抄写员会用这样的芦苇在用石头、木头有时是象牙制成的调色盘（通常献给“圣言之主”透特）的墨水格中蘸一下，用不同的颜色写下文本，主要是黑色或红色，但也会在模仿书写的对象时用其他颜色，比如在写到天空时用蓝色，写到女人时用黄色等。

已知最早的僧侣体文字样本是一张莎草纸，上面记载着亚撒国王统治时期的编年史，根据埃及年代学的合理估计，它大约是公元前3580年的产物。流传到我们手中的最完美的文学作品通常也完成于同一时期，不过普里塞·阿文内斯先生（Mr. Prisse d' Avennes）从底比斯带回来且现存于巴黎国家图书馆的那本，似乎是在公元前2700年到前2500年之间完成的。人们以捐赠人的名字将这份珍贵的遗产称为普里塞纸莎草文献，它还有一个更正式的名字——“普塔-海特普戒律”，它的内容证明了沃利斯博士的判断，即“如果伟大的埃及文明没有所有其他的纪念碑，那么单单是它就能展现出埃及人的道德价值，以及他们在将近5000年前形成的关于人类职责的崇高理想”。

c. 世俗体

世俗体或古埃及的通俗文字保留了它们起源于象形文字的些许痕迹。由于单词“hieratic”（希腊文为“hieratikos”，意为“僧侣的”）指示了使用这种文字的阶层，所以单词“demotic”(希腊文为“demotikos”，意为“人民”）和“enchorial”（希腊文“enchorios”，意为“国家”）指示了这种文字在日常生活中被广泛使用。似乎人们在公元前900年左右开始使用它，并一直持续使用到公元4世纪。研究表明，在阿契美尼德王朝的大流士和其他统治者统治时期，重要的公告和文件都是用三种语言，即巴比伦语、米底语和波斯语写成的。因此，在托勒密王朝时期，他们继承了亚历山大大帝在埃及的领地，统治着尼罗河谷，直到该地被罗马占领，所有重要的公共事务都用象形文字、通俗文字和希腊文字来公示。象形文字被称为“神圣文字”，通俗文字被称为“字母文字”，而希腊文字则被称作“希腊人的文字”。

第七章
罗塞塔石碑

前文提及的著名的罗塞塔石碑—— 一块刻着符号的黑色玄武岩石板，已被证明是解释埃及象形文字的关键，它在这方面的价值极其巨大，就如同贝希斯敦岩刻铭文对于解释楔形文字的价值。这块石板现存于大英博物馆，1799年，一名法国军官在尼罗河罗塞塔河口附近的一个堡垒废墟中发现了它，它因此得名。英国占领亚历山德里亚之前，极具先见之明的拿破仑（Napoleon）在探险队中带上了几位以威廉·汉密尔顿爵士（Sir William Hamilton）为首的学者，而汉密尔顿爵士对埃及古文物非常感兴趣，这为他带来了好运，他们就这样发现了这块石头的重要性。它虽不完整，但已有足够多的部分保存下来，足以供我们解读碑文的大致内容。人们对象形文字意义的猜测已经盛行了几个世纪，尽管它们在托勒密王朝开始统治（公元前305年）的150年后仍在被人使用，尽管直到公元3世纪人们仍在用它们书写罗马皇帝的名字，但我们拥有的古代作家的作品中，只有极少数写到了关于它们的一些有价值的东西。直到19世纪的头几十年，两位埃及古物学家杨（Young）和商博良（Champollion）凭借聪明才智，才分别从象形文字中探寻出了它们的秘密（就像几年后，亚当斯〔Adams〕和勒维耶〔Leverrier〕都分别在研究如何发现海王星的问题）。但从事这方面研究的一些前辈获得的荣誉则更少一些，如佐埃加，他曾正确地猜想到，那些长方形环圈上刻着皇室的名字，这是因为这些所谓的“象形文字花框”出现在庙宇中雕刻的一系列坐着的人像之上；还有阿克布莱德（Akerblad），他出版了一份罗塞塔石碑上的通俗文字的字母表。

托马斯·杨博士（Dr. Thomas Young）非常了不起。他生于1773年，父母都是贵格会[①]教徒。他将自己的青春岁月献给了文学、语言和机械，30岁时获得了皇家学会的奖学金，而两年前他已被皇家学会聘为自然哲学教授。由于继承了一位亲戚的遗产，他家境优渥，于是便更加努力地钻研起了物理学和语言学。他在物理学上的努力带来的结果是发现了光的波动性质（与声波类似），这与牛顿的光的粒子说或微粒说相反；而在语言学上，他对通俗文字做了部分解读，正确地识别了一些埃及的神——太阳神、努特、托特、奥里西斯、爱西丝和奈芙蒂斯的名字，以及埃及法老托勒密（Ptolemy）和王后贝勒尼基二世（Berenice）的名字。他于1829年去世。

让-弗朗索瓦·商博良（Jean Francois Champollion）出生于1790年，沃利斯·巴奇博士称其为“埃及象形文字正确解读系统的不朽的发现者”。和杨博士一样，他很早就开始学习多门语言，13岁时就“掌握了大量希伯来语、叙利亚语和迦勒底语知识”。22岁时，他成为格兰勒布尔大学文学

① 贵格会，又名教友派、公谊会，兴起于17世纪中期的英国及其美洲殖民地，创立者为乔治·福克斯。因贵格会建立之初，在聚会时常有人激动得颤抖（Quaker）而得名。

院的古代历史学教授，由于十分熟悉杨博士和其他人的工作，他产生了一股探寻的冲动，在杨博士等人的埃及象形文字解读系统的基础上，建立了自己的一套系统。为了学习莎草纸的知识，他参观了都灵、罗马、那不勒斯的博物馆，之后又去了埃及，并在那里获得了大量资料。1832年，商博良去世。但在此之前，他已经完成了自己一生中的主要目标，即证明象形文字一部分是物体的图像，一部分是声音符号。

尽管罗塞塔石碑是破译埃及象形文字的基础，但商博良的成功主要归功于在菲莱岛[①]上发现的一块小方尖碑。据说这块方尖碑被固定在一个凹槽中，上面刻有希腊文写就的铭文，内容为菲莱岛上的爱西丝的祭司写给托勒密、他的妹妹克利奥帕特拉和他的妻子克娄巴特拉的请愿书。这块方尖碑上的象形文字铭文包含一个长方形图框内的某些字符，这些字符与罗塞塔石碑上唯一的长方形图框中的字符相同。因此，我们就在这里得到了一个更容易追查下去的线索，因为在希腊文中，托勒密和克娄巴特拉的名字中有一些共同的字母，我们可以用它们来与象形文字做比较。“如果这两个名字中相似的字符在每个长方形图框中都表示相同的发音，那么我们就能马上弄清楚它们的音标”，复原埃及字母表只是时间问题（图47、图48、图49）。

图47 托勒密

① 埃及尼罗河中的一个小岛。

罗塞塔石碑上刻着14行象形文字、32行通俗文字和54行希腊文字的片段。这些文字的主题是一则公告，即公元前195年，全体祭司聚集在孟菲斯纪念埃及国王托勒密五世。

图48　克娄巴特拉

他们阐述了君主的善行：他将收上来的银子和玉米奉献给了寺庙；他废除和减少了某些税收；他给予祭司和士兵特权；在他统治的第8年，尼罗河遭遇了巨大的洪灾，河水泛滥，淹没了所有平原，他自掏腰包修筑水坝，并指导人们将溢出的河水引入正确的渠道，农民因此获益良多。

恺撒　　皇帝

图49

除了减免税收，他还向寺庙赠送了相当多的礼物，并参加了各种与公众崇拜有关的仪式。为了回报这些善行，聚集在孟菲斯的祭司们颁布了一则法令，要求埃及每座寺庙在显眼处竖立国王的雕像，并刻上国王的名字和头衔——“托勒密，埃及的救世主”，还要将国王的衣服披在雕像上，每天在雕像前举行3次仪式。法令还规定，每座寺庙里都要放置一个镀金的木制神龛，里面摆放一座镀金的木制国王雕像，这些要和其他国王的神龛一起供奉。法令还规定，要制作10顶带有特殊图案的金皇冠，放置在王室的神龛上；每年国王的生日和加冕日都应举行盛大的庆祝活动；指定每年托特月的头五天为纪念国王的节日；最后，将这个法令以象形文字、通俗文字和希腊文字3种文字复刻在坚硬的石碑上，并应在第一、第二和第三等级的每一座寺庙中永生的托勒密雕像附近都竖立起一块这样的石碑。沃利斯·巴奇博士补充道："希腊文的铭文部分似乎是原始文件，象形文字和通俗文字版本只是对它的翻译。"（《木乃伊》，第110、111页）

由于对所有碑文来说，解读的原则都是一样的，而解读碑文的关键是了解碑文上使用的其中一种语言，因此只要简单参考另一块在历史上与罗塞塔石碑同等重要的石碑就足够了。这就是所谓的坎诺帕斯石碑，它上面也刻有象形文字、通俗文字和希腊文字。它的形成时间比罗塞塔石碑早了大约半个世纪，它是在托勒密三世统治的第九年在坎诺帕斯被竖立起来的，记录了祭司们聚集在那里，颁布了一则法令，以纪念国王。它叙述了托勒密三世的善行，与托勒密五世类似，并颁布了应该给予他和他的配偶贝勒尼基二世的荣誉，贝勒尼基二世向神祈祷远征叙利亚的托勒密能安全返回，为了表示对神的感激，她将自己那一头著名的头发献给了赛菲洛姆的阿尔西诺伊神庙，据说她的头发后来变成了星座，被称为后发座。

第八章

埃及文字与其他文字的关系

我们就这样一劳永逸地破译了埃及象形文字，接下来要解决的问题就是它们与由文明世界的字母衍生而来的声音符号之间的关系。我们沿着清晰的标记线从我们的字母表回溯到罗马文字，再到希腊文字，传统上我们认为它们起源于腓尼基文字。关于这点，希罗多德说道："现在这些与卡德摩斯[①]一起到来的腓尼基人中的杰非瑞恩人（Gephyraians），定居在皮奥夏这片土地上时，为希腊人带来了许多艺术，特别是字母，在我看来，在此之前，希腊人并没有自己的字母。一开始，他们引进了腓尼基人常用的字母，但后来，随着时间的推移，他们也根据自己的语言改变了字母的形式。在这段时间里，希腊人中的一支——伊奥尼亚人（他们居住在大部分杰非瑞恩人的定居地附近），在腓尼基人的指导下，接纳了这些字母，

① 希腊神话中的英雄、传说中将腓尼基字母传入希腊的人，也是腓尼基的首领阿革诺尔（一说是腓尼克斯）之子、忒拜（Thebes）的创建者。

还稍稍改变了字母的形式并加以利用，这样他们便宣称自己为‘腓尼基人’，正因为腓尼基人把他们引入了希腊。此外，古代的伊奥尼亚人把纸称为‘皮’，因为以前纸张稀缺，他们在山羊和绵羊的皮上书写，不仅如此，甚至在我们生活的时代，许多原始人也在这样的皮上写字。”

普林尼在他的《自然史》（第12、13节）中，把发明字母表的功劳归于腓尼基人，其他古代作家也一再重申这一点，这一定是一种古老的传统。不论这些作家的能力如何，他们的诚实都是无可指摘的。根据许多现代学者的判断，希腊字母和闪米特字母的数量、名称（咝音字母s和z除外）和顺序相似，虽然形式并非如此。“在没有进一步证据的情况下，”卡农·泰勒说，“ALPHABET（字母）这个词就足以揭示它起源的秘密。它显然源自希腊字母表开头的两个字母——α和β的名字，这两个字母明显与相应的闪米特字母א和ב的名称完全相同。这些名称在希腊语中是没有意义的，但在闪米特语中是有意义的单词，altph表示‘牛’，而beth则表示‘房子’。”下面的表格展示了希腊语和闪米特语字母的名称和顺序，我选择希伯来语作为一种闪米特字母的类型，是因为它比其他任何字母都更常见。（参见《字母的历史》，泰勒著，第1卷，第75页）

希伯来语			希腊语		
名称		意思	名称		
א	Aleph	公牛	Α	α	Alpha
ב	Beth	房子	Β	β	Beta
ג	Gimel	骆驼	Γ	γ	Gamma
ד	Daleth	门	Δ	δ	Delta
ה	He	窗	Ε	ε	Epsilon
ו	Vau	钩子			(Vau—现不使用)
ז	Zayin	武器	Ζ	ζ	Zeta
ח	Cheth	篱笆	Η	η	Eta
ט	Teth	蛇?	Θ	θ	Theta
י	Yod	手	Ι	ι	Iota
כ	Kaph	手掌	Κ	κ	Kappa
ל	Lamed	赶牛棒	Λ	λ	Lambda
מ	Mem	水域	Μ	μ	Mu
נ	Nun	鱼	Ν	ν	Nu
ס	Samekh	柱子	Ξ	ξ	Xi
ע	’ Ayin	眼睛	Ο	ο	Omicron
פ	Pe	嘴巴	Π	π	Pi
צ	Tsade	标枪?			(San—丢失)
ק	Qoph	绳结?			(Koppa—现不使用)
ר	Resh	头	Ρ	ρ	Rho
ש	Shin	牙齿	Σ	σ	Sigma
ת	Tau	记号	Τ	τ	Tau
			Υ	υ	Upsilon 出现较晚
			Φ	φ	Phi 出现较晚
			Χ	χ	Chi 出现较晚
			Ψ	ψ	Psi 出现较晚
			Ω	ω	Omega 出现较晚

假设字母表起源于腓尼基人的理论成立，接下来的问题就是，字母表是一项独立的发明，还是从另一组字符改编而来呢？正如我们所看到的，

所有证据都表明声音符号是从象形文字衍生而来的，如果腓尼基文字也不例外，那么我们必须去寻找它的早期形式。传统上认为，“腓尼基人并没有自称是文字艺术的发明者，却承认他们是从埃及获得文字的”。欧瑟比奥[①]如是说，从柏拉图到塔西佗的权威人士也都持这一传统说法，而腓尼基和埃及长期以来积极交往的事实也进一步为这一说法提供了依据。腓尼基人是闪米特民族，“就像他们自己说的，古代居住在厄立特里亚海沿岸（即红海和波斯湾附近）”，后来，他们穿越了厄立特里亚海，搬到了叙利亚沿海地区；叙利亚的这一部分以及一直延伸到埃及的地区都被称为巴勒斯坦”（希罗多德，第7章，第89页）。但事实上，关于它们的起源和原始迁徙，我们知之甚少。提尔的国王希拉姆（Hiram）帮助所罗门建造了著名的神庙，西顿和提尔都是《圣经》中常见的名字，但“腓尼基人”的名字从未出现过，因为他们可能被包括在“迦南人”这个词中。一向言辞得当、口才极佳的赫胥黎教授（Professor Huxley）恰如其分地称他们为古代世界中的“大商贩”。他们首次在历史上出现的事件是占领了叙利亚海岸的狭长地带，那里是东西方的交汇处，也是历史上庞大海洋事业的摇篮。他们的船只向西航行越过了海格力斯之柱，向东航行到了印度洋；他们的殖民地开拓者定居到了地中海和黑海沿岸，散布在小亚细亚。和罗马人一样，腓尼基人几乎没有创新的本能。他们几乎不设计或发现新事物，但会熟练地制造和流通产品，他们是自己和邻国商品的经销商，并在古代世界的许多城市建立了商业中心，如孟菲斯，“这些商业中心周围是宗教圈地，赫

① 大约生活在3世纪末到4世纪前叶的基督教修士、神学家、教会历史学家，编著有《教会史》，被视为古代教会最伟大的语言学家以及基督教历史之父。

菲斯托斯神庙北边居住着提尔的腓尼基人，这整个地区被称为提尔人的营地”，或者我们应该说，提尔人的城镇（希罗多德，第2章，第112页）。

显然，对这样一个商业活动极其频繁的民族来说，“时间就是金钱”，他们迫切需要一种快速、简洁的交易记录方式。因此，可以用一种简单的“速记”式文字来取代或缩写复杂的字符，以及它们的限定符号与表意符号等。但用什么字符呢？一部分受到上文已提及的传统的影响，一部分由于腓尼基和埃及之间的亲密关系，毫无疑问，根据发展的原则，文字的应用在向各个方向延展。一位法国的埃及古物学家伊曼纽尔·德·罗杰（Emanuel de Rougé）在1859年（达尔文的《物种起源》出版的那年）铭文学院成立之前读到了一篇关于字母的历史的论文，根据许多学者的判断，这篇论文似乎得出了腓尼基文字（以及现在其他仍在使用的字母）起源于埃及文字的结论。德·罗杰先生研究的成功“必须归功于他对事实透彻的洞察力，这些事实之前很有可能存在，必须找到闪米特文字最近的原型，不是就像到目前为止一直徒劳地尝试那样，在符号图像或埃及纪念碑中寻找，而是要在埃及人从他们的象形文字中发展出的手写文字中寻找，这些手写文字被用于文学和世俗用途，象形文字则仍被用在雕刻纪念碑和宗教用途中”。（泰勒，第1章，第90页）他采用的方法令人钦佩。他将自己已知的最古老的犹太字母与已知的最古老的僧侣文字进行比较，将比较限定在所谓的“埃及字母表”的25个字母中。他所掌握的材料是最简陋的。现在存有大量埃及新王国（大约始于公元前1587年）时期的僧侣体所用的莎草纸，但其上的文字相对来说书写时间较晚。幸运的是，在为数不多的最古老的僧侣体的例子中，还有普里斯莎草纸（图50）的存在，正是凭借这份珍贵的手写体古物，德·罗杰先生的理论才得以形成。

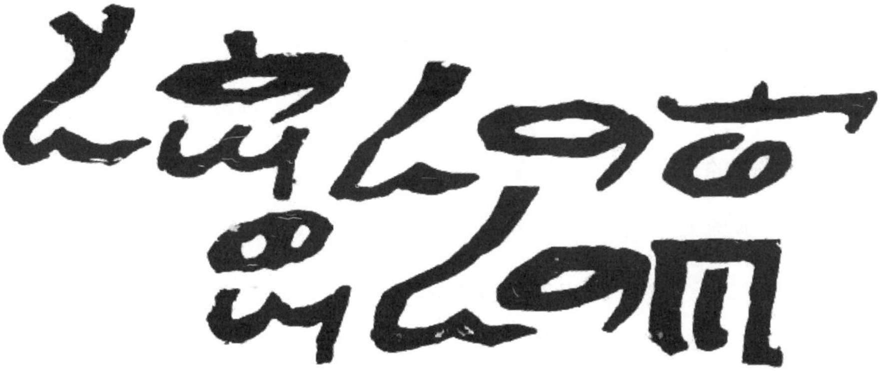

图50 普里斯莎草纸上的僧侣体文字的复制品

至于闪米特文字，《旧约》中有的埃及语单词就是以闪米特文字的形式出现的，埃及新王国征服时期建立的叙利亚城镇的名字有两种发音形式——闪米特语和僧侣体文字。铭文证据的主要来源是西顿国王埃什穆纳扎尔（Eshmunazar）石棺上的铭文（图51），可以追溯到公元前5世纪，或者说它比普里斯莎草纸晚2000年，因此它代表了腓尼基字母表的一种晚期形式。

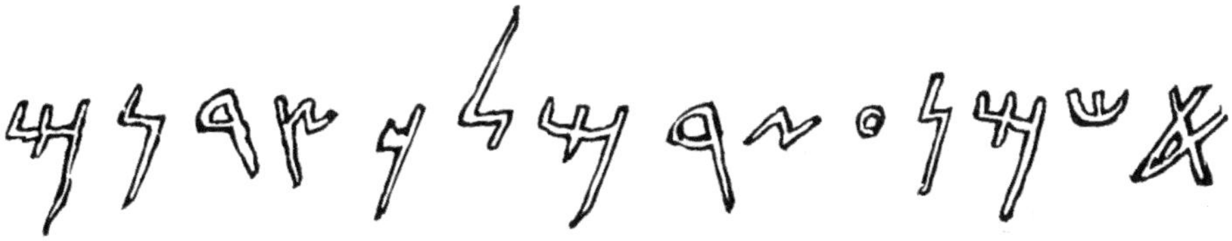

图51 埃什穆纳扎尔石棺上的铭文

这具保存在卢浮宫的石棺是在古西顿遗址附近的一个岩石墓穴中被发现的。对石棺上铭文的解读磨炼了许多学者的技能，并催生出大量文学作品。石棺上雕刻着埃什穆纳扎尔的面具和木乃伊，铭文的内容也以他为第一人称展开叙述。他自称“西顿人的王，塔伯尼特的儿子”，并讲述了他与他的母亲——亚斯他录[1]的女祭司是如何建造了巴力西顿、亚斯他录和伊蒙神庙。他祈求众神的恩宠，并祈求朵拉、约帕和沙仑肥沃的谷地永远属于他的王国。莎士比亚在他自己的墓志铭中对那些意欲骚扰他坟墓的人施以诅咒，这样的人“不应与”死亡大殿中的“利乏音人同榻而眠”。“我未到时候便被遗弃。我活着的日子不长，现在躺在我所建造的这座坟墓的这具棺木里。噢，记住！请不要让皇室或任何人打开我的床榻，不要让他们寻找财宝，因为没有人在这里藏过财宝，不要让人把棺材从我的床榻上移开，也不要让人在这张床榻上放置另一个墓穴来骚扰我。”（《往事记》第9卷）

总而言之，这就是德·罗杰先生用来观察和比较的资料，论分类和推理上的独创性，很少有比他的作品更引人注目的例子了。卡农·泰勒在不可或缺的《字母的历史》的第1卷第98—116页中举出了该作品，在对该作品精彩的总结中，他提到了那位希望了解德·罗杰先生去世后出版的《埃及腓尼基字母表的起源备忘录》的学生，并表明那些只关心结果的读者甚至可能会跳过他的总结不读。那个总结必然包括许多只有受过训练的语言学家才会感兴趣的技术性问题；在这几页里，我只可能对这个问题做一些肤浅的研究，不会纳入任何细节，或许这也是读者希望看到的。此外，在下文列出的德·罗杰先生的研究结果之后，我会举出一两个能证明他的结果的方法作为例子，还会列出一些1859年之后发现的早期的闪米特铭文。

① 腓尼基人的丰饶神之一，也是爱神、月之神、管理阴间的女神。

德·罗杰先生关于字母表起源的理论如下：

Ⅰ 埃及象形文字，从左往右书写。

Ⅱ 埃及僧侣体文字，从右往左书写。

Ⅲ 最古老的腓尼基文字，大多数来自巴力黎巴嫩铭文。

Ⅳ 最古老的希腊文字，来自锡拉和雅典的铭文，从右往左阅读。

Ⅵ 波斯战争时期在宝石上雕刻的希腊字母表，从左往右阅读。

Ⅶ 《亚历山大抄本》中的希腊安色尔字体，大约书写于公元400年。

Ⅷ 希腊小写字母。

Ⅸ 意大利最古老的字母表。

Ⅹ 西塞罗时期在宝石上雕刻的拉丁文字母表。

Ⅺ 拉丁文安色尔字体和小写字母。

现代方形希伯来文，源自腓尼基文字。

我们可以用字母b和h举例，说明德·罗杰先生的方法。

埃及人有两个符号来表示b——“leg（腿）”和“crane（鹤）”。“leg（腿）”𓃀的符号很普遍，“crane（鹤）”（见下页表格）应被看作腓尼基字母的原型。原因可能是第一个符号𓃀的发音似乎更接近于v，而不是b，在几个闪米特名字的翻译中，“crane（鹤）”被当作“beth”的同义词使用，例如“Berytus（Beyrout，黎巴嫩）”和“Khirba（遗迹）”。此外，“leg（腿）”的僧侣体图形很容易与其他字母如“chick（鸡）”和“arm（手臂）”混淆，因此使用起来不太方便。

埃及字母
腓尼基字母
希腊字母
拉丁字母
希伯来字母
1 鹰
2 鹤
3 王位
4 手
5 迈安德
6 角响尾蛇
7 鸭子
8 筛子
9 夹子
10 平行线
11 碗
12 母狮
13 猫头鹰
14 水
15 椅背
16 ……
17 百叶窗
18 蛇
19 天使
20 嘴
21 被淹的花园
22 套索
I II III IV V VI VII VIII IX X XI

闪米特字母有一个封闭的圈，这一点与它的僧侣体原型不同。封闭的形式写起来容易得多，因此改变并不困难。但是，有一个奇怪的间接证据似乎表明，该闪米特字母的早期形式并不是封闭的，而是形状像S。科林斯——腓尼基人在希腊最早的殖民地之一 ——使用的希腊字母一定源自一种比摩押碑[①]（见图53）上的字母更古老的闪米特字母。在古老的科林斯字母表中，字母β不是封闭的，而是敞开的，Γ，它的形式与僧侣体原型几乎相同。

h.字母he对应的是“maeander（迈安德）”和“knotted cord（结绳）”。从僧侣体形式上看来，必须以前者为原型。普里斯莎草纸中有两个这样的字母，一种比较少见，底部开口，，对应摩押碑上的。然而，字母完全封闭却是更常见的形式。这个闪米特字母的名称通常被认为意思是一扇“窗子”，表明该字母之前的形式与更常见的僧侣体图形一致。奇怪的是，早期的科林斯铭文提供的证据证实了这一猜想，正如我们在β这个例子中所看到的，它偶尔保存着一种比我们在摩押碑上发现的字母更古老的字母形式。现在，在科林斯原始字母表中，我们发现了一个封闭的字母，取代了常见的epsilon[②]，它几乎与普里斯莎草纸中的最常见的“meander（弯曲）”形式相同（泰勒，第1章，第102和114页）。

除埃什穆纳扎尔石棺上的铭文外，更重要的闪米特铭文还包括：①黎巴嫩的巴尔贝克神庙青铜圣器碎片上的铭文，它们被认为是公元前11世纪的产物；②摩押王米沙（Mesha）的铭文，刻在一块被称为“摩押碑”的黑

① 德国传教士克莱因1868年在齐班（今约旦境内）发现的石碑上刻有34行希伯来文和摩押文，记录摩押王米沙驱走以色列人的事迹，现藏于巴黎卢浮宫博物馆。

② 希腊字母表的第5个字母。

色玄武岩石板上，被认为书写于公元前9世纪；③来自尼尼微的狮子砝码，上面刻着公元前8世纪下半叶统治亚述人的国王的名字；④从科德龙山谷的圣母池到提洛帕翁的西罗亚池的隧道里的石碑上的铭文，雕刻时间在公元前8世纪到公元前6世纪之间。

1. 黎巴嫩巴尔贝克圣庙圣器　　1876年，克莱蒙-加诺先生（M. Clermont-Ganneau）从一位塞浦路斯商人那儿买了一些带有腓尼基文字的青铜容器碎片（图52）。这是一位农民在挖地时发现的，他以为盘子是金子做的，于是将它打碎了。赫南和克莱蒙-加诺先生凭借自己的勤奋和技能，将碎片拼了起来，并明智地推断出它们是圣碗的一部分，他们的推论被最长的铭文证实是正确的，该铭文写道，“这个用上好的青铜制成的容器来自一位迦太基的公民，希拉姆的仆人，西顿人的国王，黎巴嫩的巴尔贝克，统治者”，他的神庙是献给神的“山顶祭坛”之一。

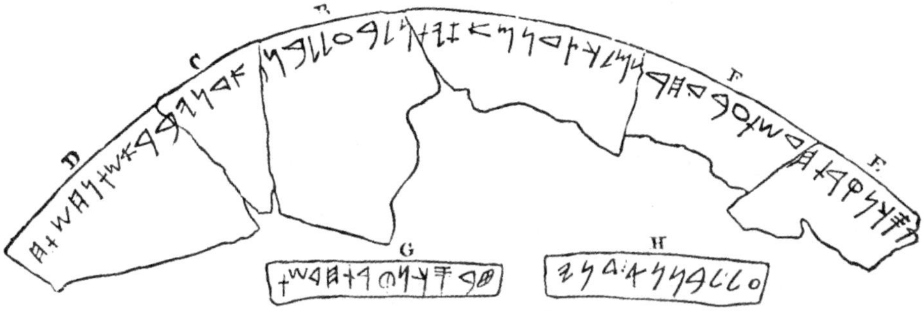

图52　圣碗上的铭文（黎巴嫩巴尔贝克神庙）

2. 摩押碑　　如图53，1868年，德国传教士克莱恩医生（Dr. Klein）在摩押旅行时发现了这一闪米特遗迹，它也许是最著名的，当然也是最重要的一件闪米特文物。陪同他旅行的阿拉伯人带他去看一块上有神启的石头，其上漂亮地刻着34行腓尼基文字。医生抄下了几句话，继续上路。一到耶路撒冷，他就公布了自己的发现，于是法国和德国的领事馆就展开了争夺这些令人垂涎的宝藏的竞赛。这引起了阿拉伯人的怀疑，对他们来说，这块石头已经变成了一种护身符，只要他们种植庄稼足够勤劳，就可以依靠它来维持丰产。克莱蒙-加诺先生派去的使者成功取得了一份铭文的拓印，这使得阿拉伯人生出了更多敌意。土耳其纳布卢斯的总督试图将石头据为己有，并将它卖给“异教徒”谋取私利，但没有成功，最后，阿拉伯人在它下面生了一把火，然后又往它上面泼了一盆冷水，将它砸成碎片，分给各个部落作为护身符。但机智的克莱蒙-加诺先生几乎找到了所有碎片，所以碑文是完整的，只缺失了几行铭文。原碑现存于卢浮宫，我们在大英博物馆的腓尼基展厅可以看到一个浇铸得很好的模型。

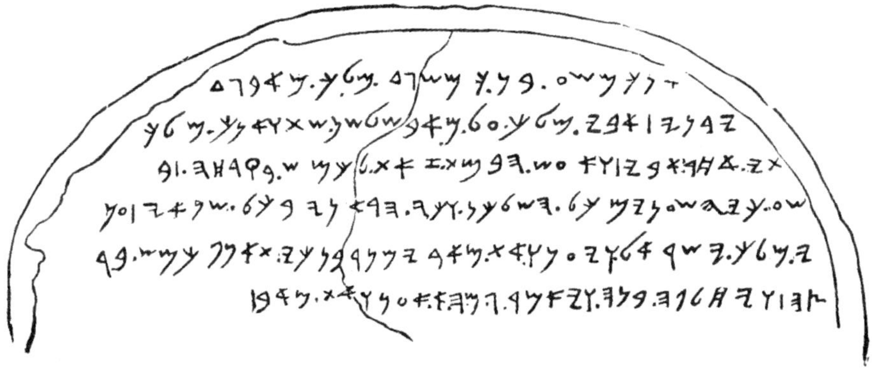

图53　摩押碑

铭文上的语言与《旧约》中的希伯来文很相似，记载了米沙叙述自己反抗以色列国王的事迹，当时，他每年都要向以色列国王进贡10万只羊羔和10万只公羊的毛。从历史上看，这座纪念碑的价值极高。米沙称自己为查莫什米利克的儿子，查莫什米利克是小国摩押的民族之神，相当于耶和华在以色列人中的地位。提及查莫什米利克说明了几个闪米特民族在信仰上的相似之处。“山顶祭坛”或神的祭坛，将神拟人化为愤怒的形象，敦促他的信徒战斗和歼灭他们的敌人，对待敌人毫不留情，这一切都与希伯来的神的观念相同，所以加以必要的变更，铭文读起来就像是从《旧约》的战争年表中摘出来的副本。从铭文的角度来看（我们在此只关心铭文），卡农·泰勒和其他学者将铭文视作支撑德·罗杰先生的理论的证据。

3. 狮子砝码　如图54，已故的奥斯汀·莱亚德爵士（Sir Austin Layard）在尼尼微的第一次发掘中就发现了几个这样的例子。它们上面刻着两种语言，亚述国王的名字通常是楔形文字，重量则用腓尼基文字表示。当然，这证明了亚述和腓尼基之间密切的贸易关系，以及后者在商业上的支配地位，后者采用其砝码和计量单位作为前者的测量标准，并在商业上普遍使用腓尼基字母。时间抹去了很多铭文，但我们还是能看到几位亚述国王的名字：提格拉·帕拉萨（Tiglath-Peser）、撒缦以色四世（Shalmaneser IV）、萨尔贡二世（Sargon II）和辛那赫瑞布（Sennacherib）。此处翻印的铭文与原始的铭文规模相同，展现出了腓尼基文字和亚述文字之间的相似性。

图54　一舍客勒砝码

它被刻在第11头狮子上，该狮子重达20多盎司，代表1舍客勒，这是一个希伯来重量单位，用来估计金银的重量。人们认为金子重100舍客勒，银子重60舍客勒。它（舍客勒）读作MANEH MELEK，意思是“国王的一舍客勒”。国王的名字不太清晰，但塞斯教授（ Professor Sayce）认为他是在公元前7世纪统治埃及的撒缦以色（Shalmaneser）。

4. 西罗亚铭文　　发现铭文的隧道无疑是为了保证在耶路撒冷被围困时依然能给城市供水而建造的，圣母池在城墙外，而西罗亚池在古城墙的边界之内。1880年，铭文首次被人发现，但是沉淀下来的碳酸钙在铭文上结了一层硬壳，这使得文字的翻译变得非常困难，但能看到的文字已足以证明它们对于研究希伯来字母从腓尼基字母发展到阿拉米字母（现代文字的起源）的重要性。“人们立刻意识到，在巴比伦囚虏[①]之前的希伯来铭文终于被发现，以色列字母性质的不确定性现在可以得到解决了。”人们小心地清除掉这些字母上的堆积层、拓印、临摹、浇铸模型，这些希伯来文记录用几乎与摩押碑上的文字一样的腓尼基文字雕刻而成，塞斯教授将它们翻译成英文，或多或少在细节上进行了推测：

（1）（看）挖掘！这就是隧道的历史。这时挖掘机（升起来）

（2）把铁镐分给邻居，当（离凿穿）还有三腕尺[②]时……一个人对

（3）他的邻居喊道，因为（还有很多？）右边的岩石。他们奋起……他们向西边拼命地

① 公元前597—前538年，犹太王国两度被新巴比伦王国国王尼布甲尼撒二世征服，后者俘虏了大批犹太富人、手工业者和平民，多达上万人，并将他们囚禁于巴比伦城。

② 腕尺，长度单位，即伸出时从肘部到中指指尖之间的距离，广泛应用于希腊和罗马。一个希腊腕尺约46.38厘米，一个罗马腕尺约44.37厘米。

（4）挖掘，挖掘者们挥动铁镐，与邻居会合，

（5）水从出水口流出，经过那里，流向水池，总共流过了1000腕尺

（6）挖掘的隧道开头的岩石高度为（四分之三？）腕尺。

如果只是为了展示古代工程师是如何预见到现代隧道挖掘方法的，那么这些铭文就十分有趣了。一帮人开始从一头钻探，另一帮人则从另一头开始，直到他们相遇，没能相遇就说“右边（还有很多）岩石”，这就确定了隧道里存在两个“死胡同”，显示钻探是如何重叠的。借助最新的压缩空气装置，人们可以精确地在长达数英里的岩石中挖出通道，直到两头的人在中间面对面相遇。这种精确性是现代科学的浪漫成就之一。撒马利亚字母表是腓尼基字母表唯一幸存的直系后裔，而腓尼基字母表在某种程度上是所有现存字母表的始祖，但它随着腓尼基人的衰落，最终消亡了，我们现在只能通过铭文来重新看到这些字符，前文已提过这些例子。

德·罗杰先生关于腓尼基字母表的起源以及它所产生的各种变体的理论，并非没有遭受质疑。它是一种假说，需要事实的支撑，因此需要证据来证明。人们引用各种文字表面上的相似性来证明它们之间的关系，却没有考虑到在人类发展的其他分支中出现过无数文字独立起源的例子。在《大英百科全书》关于象形文字的一篇文章中，雷金纳德·普尔（Mr. Reginald Poole）先生评论道，“因为每个书写者的笔迹都不相同，所以僧侣体的书写形式也千差万别，就像所有的手写字体一样。此外，这些对比材料之间间隔很长的时间，这一点也要小心。普里斯莎草纸至少比埃什穆纳扎尔石棺铭文早2000年，这使得德·罗杰先生的理论的正确性变得不太确定。另外还需注意的是，某些闪米特字母代表的发音为该语言所特有，埃及字母中没有相同的符号可以采用，好在有足够多借来的字母，我们可

从中选择那些代表相似发音的字母，尽管它们的发音并不完全相同。闪米特字母的名称并非象形文字的名称，这一异议符合截头法音表的原则。还存在这样的问题，为什么腓尼基人不借用象形文字，而要借用僧侣体文字呢？亚瑟·伊文斯先生认为，在有些例子中，他们是借用象形文字的，腓尼基字母表有少数字母直接来自象形符号，像α（Alef=公牛）就是来自表示公牛头的象形文字；ζ（zaym=武器）来自表示双刃斧头的象形文字；σ（samech=柱子/杆子）来自一棵树的符号；o（Ain=眼睛）来自表示眼睛的圆圈符号；η和ε（cheth=篱笆，He=窗户）来自表示墙、门或窗的符号。然而，泰勒牧师争辩说，衍生一定遵循德·罗杰先生规定的原则，闪米特字母起源于一群定居在下埃及[①]的外来民族，他们要么是奴隶、商人、边防守卫，要么是征服者。无论如何，这些入侵者都不了解埃及的宗教和语言。因此，他们更可能使用在埃及通常被用于世俗和商业目的的手写字体和简单的僧侣体，而不是埃及祭司用于纪念和宗教用途的冷僻神圣文字。这一假设得到了证实，因为我们没找到任何用象形文字雕刻的纪念三个闪米特王朝统治者的纪念碑，这些统治者被称为希克索斯（Hyksos）或牧羊人国王，他们被底比斯的拉美西斯驱逐出了下埃及。

卡农·泰勒承认，拉加德教授（Professor Lagarde）提出的反对意见是合理的，如果能找到足够多的闪米特字母和僧侣体文字之间的相似性，那么德·罗杰先生的理论就站不住脚了。卡农虽然十分正直，但也是德·罗杰先生理论的坚定支持者，他恰当地强调借来之物也具有被借用之物的特征。它们都是借来的，这就意味着它们具有一定的适应性，允许对样本进

① 习惯上指开罗及其以北的尼罗河三角洲地区。

行修改，特别是当文字必须被刻在另一种材料上时。早期的僧侣体文字是用柔软的芦苇秆在莎草纸上书写的，而闪米特文字则是用凿子在石头上雕刻而成的，失去了流畅的线条和曲线。“粗略地看看两种文字——僧侣体和摩押文，我们一眼就能看出它们的区别，闪米特文字更对称、更简单。字母变得更整齐和统一：更有棱角、更坚实、更挺拔，彼此之间大小上的差异已经缩小；复杂和棘手的字母都专门被变直或简化了。”（泰勒，《字母的历史》，第1章，第125页）卡农·泰勒总结了几点反对意见，这里仅提及比较重要的一点，他在最近再版的那本书中没做任何修改，仍然对德·罗杰先生理论的可靠性非常满意。“它不仅是基于先验基础的有一定可能性的解决方案，它不仅遵循了古老的传统，提供了一种对事实有可能的与合理的解释，证实了各种奇怪的巧合，而且没有人提出反对它的意见，因为无法找到理由充分的答案。如果我们拒绝接受德·罗杰先生关于字母表起源的解释，那么实际上就没有任何与之敌对的理论可以遵循。除此之外，我们只有三种其他可能的方向，但从目前看来，没有一种是更高级的，它们都仅仅是猜测。如果闪米特文字不是源自埃及，那么就一定是腓尼基人发明的，或者一定是从赫梯人的象形文字中发展而来，或者是从一种楔形文字的音节表中发展而来。”（同上，第130页）尚未被破译的赫梯象形文字与其他文字之间可能存在的关系目前对我们来说具有参考价值，或许迪克（Deecke）关于腓尼基文字是从亚述楔形文字衍生而来的理论在某种程度上是正确的。因为楔形文字似乎本质上就是一种闪米特文字，或许腓尼基人在与其他闪米特民族的接触中，保留和改造了一些楔形文字（如果不是全部的话），这早在他们熟悉埃及象形文字或僧侣体文字之前。然而，就算德·罗杰先生理论的支持者们强烈要求，他们关于希腊字母和其他字母与腓尼基字母之间直接联系的推论却不一定会被接受。在这一关系问题上，最近的一些发现为我们提供了新的重要线索，我将在下一章讨论它的意义。

第九章 克里特文字与同类文字

当谈到在希腊和罗马出现之前的几个世纪文明向西流动的源头时，历史学家就会转向尼罗河和幼发拉底河流域。我们在搜索时发现，埃及和迦勒底对于我们所有人来说都意义重大，它们对于人类的智力与精神有着重要影响。这个结论有了越来越多根据，因为调查越广泛，我们就越发现这两个国家的过去值得尊敬。在巴比伦的例子中，我们已经看到早在8000多年前，作为文化标志的文字艺术已经经过了象形文字的阶段，而埃及象形文字在尼罗河流域的使用则差不多要晚1300年，它们的出现可能伴随着王朝的诞生，因此可以追溯到美尼斯——史上第一个国王的统治时期。因此，巴比伦文字要更古老一些。幸运的是，对这两个古代文明的记录——从巴比伦帝国的建立到灭亡以及从埃及的古代到现在——大体上都是连续的。从两个文明对人类进步的贡献来看，结论似乎是巴比伦胜出。“我们现在知道，尽管埃及文明在某些方面的发展水平很高，但它绝不是其他文明的沃土。所有现代历史学家都认为，希腊人并没有从埃及借鉴宗教崇拜和民族习俗，同样，希伯来人的宗教和腓尼基人的贸易也不是借鉴自埃及。”（《希腊历史新篇》，珀西·加德纳（Percy Gardner）著，第193页）埃及不再是以色列人“受奴役的地方”，但它仍然束缚了基督教徒。它束缚了一种信仰，这种信仰以三位一体、马利亚崇拜和修道主义的精神自由为滋养。基督教三位一体的教义从埃及的某个三位一体的概念中产生，而从伊西斯膝上坐着的孩童荷鲁斯身上，我们看到了以下文字的深远意义：“我从埃及召我的儿子出来。”罗马圣彼得大教堂前的方尖碑象征着这样的历史事实，即进入基督教教堂之前要穿过埃及神庙的前殿。

在过去的几年里，我们在探索希腊及其周围的群岛时发现了第三个值得尊敬的文化中心。大约30年前，施利曼博士（Dr. Schliemann）在挖掘史前土壤时，认为自己找到了奥德修斯的宫殿和伊利奥斯的城堡。“阿伽门农的骸骨只是一场作秀。”全世界都嘲笑他，但是，人们如果以比施利曼更冷静的眼光看待他的发现，就会认识到它们的价值，并对他的工作进行彻底的调查。用霍加斯先生（Mr. D. G. Hogarth）的话说，这些发现带来了一个非凡的结果，那就是表明了“在历史开始记录他们的国家之前的希腊人的文明比历史开始记载时的文明程度更高；古希腊地区存在着有组织且高产的人类社会，它距离我们太过遥远，它的起源与伯里克利时代之间的时间间隔比伯里克利时代到我们的时代的时间间隔还要久远。爱琴海的整个文明时期可能并不比尼罗河流域的文明时期短多少”。（《权威与考古学》，第230页）我们不能在这里讨论一般性问题，而必须坚持亚瑟·埃文斯先生过去5年中在克里特岛开辟的那条更为狭窄的道路。他在那儿的发现确立了土著文化的事实，以及在腓尼基人的船只航行到地中海与塞浦路斯人和克里特人做交易，或者航行到海格力斯之柱以外之前的几个世纪中，克里特岛就已经与希腊、埃及、叙利亚和其他国家活跃往来的事实。埃文斯先生的重要著作的大部分内容都由他不时地写在学术团体的回忆录中，但这些尚未以通俗形式发表。因此，接下来的内容在很大程度上会是他发表在1894年出版的《古希腊研究期刊》第十四卷第二部分上的论文摘要（270—372页），该论文题为“来自克里特岛和伯罗奔尼撒半岛的原始象形文字和前腓尼基手写字体”，并于1895年以“克里特象形文字”为题再版。

1893年访问希腊期间，埃文斯先生发现了一些小石头，上面刻有象形文字，形式近似于赫梯文字，但又有自己的特点，后来他发现它们来自克里特岛。他又在柏林调查发现，柏林皇家博物馆里也有刻着类似文字的石头，而这些石头也来自克里特岛。有了这些和其他佐证的证据，埃文斯先生决定继续在克里特岛开展调查，并于1894年春天开始勘查。他选择了岛的东部，认为在那个地区更有可能发现史前遗迹，因为有史以来，那里一直被原始的非古希腊民族所占据。他在普拉厄索斯获得了一些石头，上面刻有象形文字或图形以及线性或类似字母的文字。雕刻它们的目的在很大程度上是由于克里特女性将其作为护身符，她们将这些石头称为“乳石”，并在生育时佩戴，因此它们才得以在时间的流逝中被保存下来。出于这种迷信，埃文斯先生没法将这些石头取回，于是他就将上面的文字拓印下来。在探索古兹遗址（比希腊或意大利的任何其他史前遗址都要大）时，埃文斯先生获得了一些重要的藏品：①一块红玉髓形状的石头，其上刻有一个光线四射的太阳和一根树枝；②一头赤陶做的公牛；③一个陶土做的杯子，上面有3个涂鸦文字（图55），其中2个与塞浦路斯文字中的“pa”和“lo”一样。埃文斯先生在附近的一个小村庄普鲁德罗姆斯·博扎诺发现了一个朴素的原始赤陶花瓶（图56），它的脖子上有一圈刻痕和3个同类的涂鸦符号（图57）。第一个似乎代表双刃斧头，它的形式是象形文字，但有着线性轮廓。最后一个符号被刻在来自古拉的黏土杯上，与“lo”相同。

图55　杯子上刻的文字（克里特岛）

图56　刻有文字的花瓶（克里特岛）

图57　花瓶上的文字（克里特岛）

埃文斯先生在古拉附近的另一个村庄中获得了一头双头青铜公牛，上面刻有一个符号。他将这个符号与在特尔斐发现的一头青铜公牛上的符号（图58）做比较，这些符号中的第一个看起来像是一只鸭子或某种其他水鸟的粗糙轮廓。

图58　青铜公牛上的符号（特尔斐）

克诺索斯的墙上有一些记号（图59），一开始流传下来只被当成是泥瓦匠留下的刻痕，但埃文斯先生确信它们来自一种有规律的文字，事实上它们与陶器和印章上的字符属于相同的文字系统，这些符号——例如双头斧——出现在不同的位置，证明了这些石料出现在被发现地之前，上面就已刻有这些符号。无论是这些符号，还是被刻在滑石和其他小石头上的符号，都不仅仅是人类幻想的产物，也不是有人肆意破坏过去和现在的纪念碑的“涂鸦之痒”的结果。“尽管我们获得的石头数量有限，但我们发现某些符号在不断重复出现，就像某些字母、音节或单词在任何形式的文字中重复出现一样。比如，人的眼睛符号在许多不同的石头上出现了4次，‘宽箭头’符号出现了7次，另一种不确定为何物的工具符号则出现了11次。”

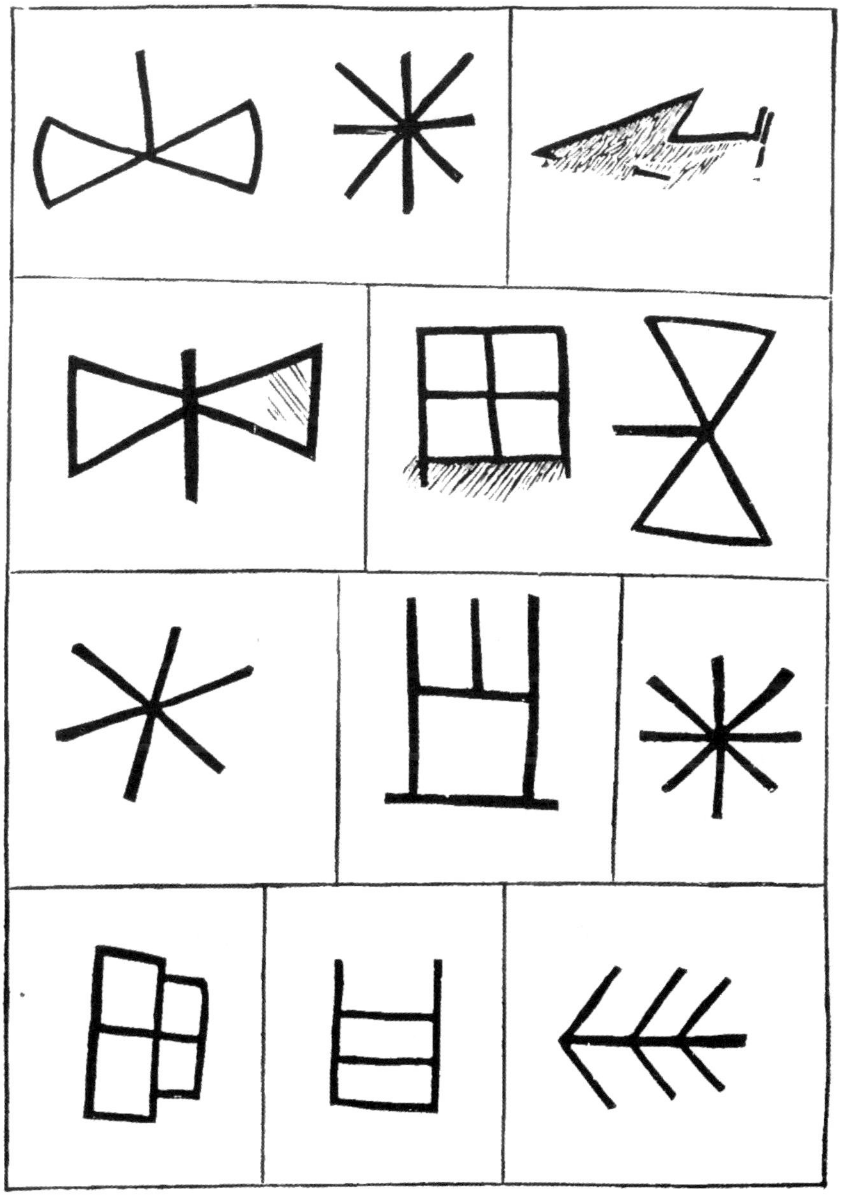

图59 迈锡尼建筑石料上的符号（科诺索斯）

符号的选择显然受到一些实际因素的限制，虽然有些对象经常出现，但同样引人注目的是某些对象经常缺席。

“雕刻师填补印章上的空间仅仅是为了装饰目的，这就不会对他的选择造成限制。”（《希腊研究期刊》，第300页）有些符号被简化了，例如用“头”来表示动物，或用“花”来表示整株植物，这表示文字在向表意阶段靠近。在这方面还有其他例子，像是用图形的形式来表达思想和情感，比如用各种姿势的手和手臂等。

这些符号也经常以两个一组到七个一组的形式出现，这表明它们有音节上的价值，某些固定的排列原则似乎支配着某些符号的位置。总之，结论似乎证明，这些符号的出现不是随意的，而是有目的的，尽管在为了做出判断所需的材料大量增加之前，要详细说明这些目的并不容易。一般来说，就像其他所有文字一样，它们的目的是要传达一些东西，也许正如前文所示，是要传达关于它们的主人的职业信息，这样一来，它们就被视为原始的“商人的标记”。

这些石头上刻有仅在前腓尼基时代的迈锡尼世界中使用的文字系统中的符号，埃文斯先生将它们分成了5组：①三面或棱柱形石头（图60）；②四面等边的石头（图61）；③四面石，表面很大（图62）；④一面雕刻，上部装饰复杂的浮雕（图63）；⑤普通迈锡尼风格的石头（图64）。

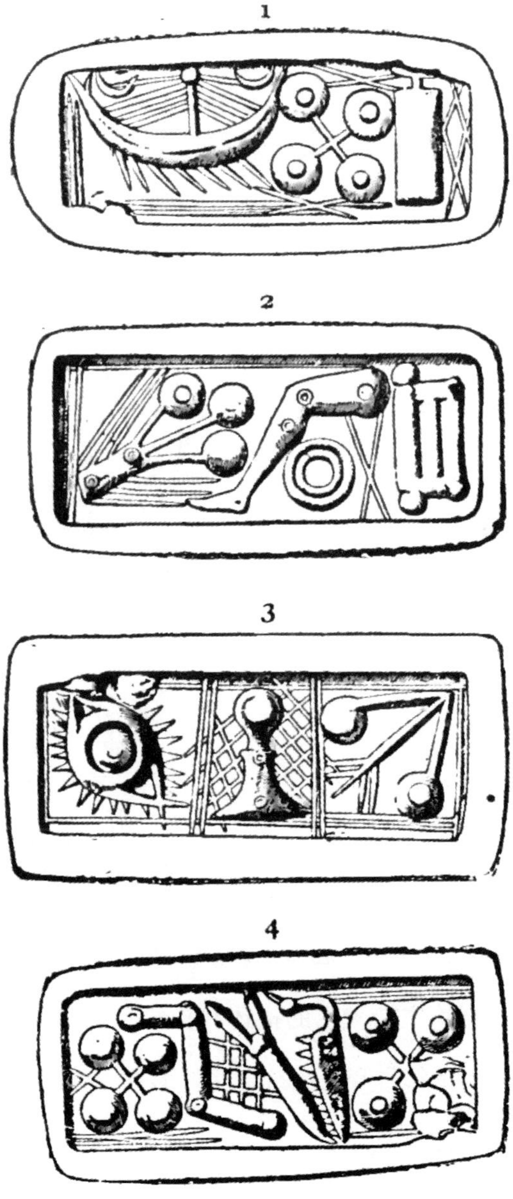

图60　三面红玉髓上的符号（克里特岛）　　图61　四面石上的符号（克里特岛）

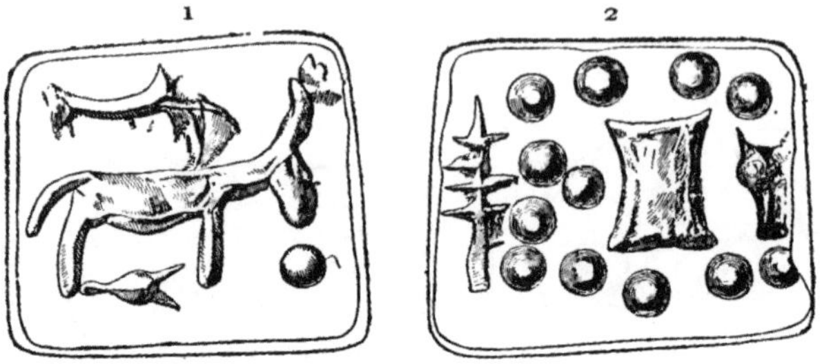

图62　更大的四面石上的符号（克里特岛中部）

图63　单面红玉髓上的符号（克里特岛东部）

图64　普通迈锡尼风格的石头上的符号（雅典）

据埃文斯先生的描述和描绘，21块石头上雕刻的象形符号共有82个，包含图形符号和表意符号两种形式，他将它们总结如下：

人体以及部位	6
兵器、农具与工具	17
房子的部位和家用器皿	8
海洋主题	3

动物和鸟类	17
植物种类	8
神圣主体与派生词	6
地理或地形符号	1
几何图形	4
不确定的符号	12
总计	82

上述这些内容都载于埃文斯先生的专著之中，我选择了一些作为例子：

1a. 一个男子手臂朝下的表意文字，可能表示所有权。塞浦路斯的柱子上经常有这种姿势的人物形象。

1b. 手势的表意文字可表示10或任意一个10的倍数。

2a. 这种双斧不是埃及文字。它是赫梯语的象形文字，是在一篇铭文中被发现的；它成对地出现在塞浦路斯的柱子上，也是人们在克里特岛的洞穴中发现的一些迈锡尼宝石上雕刻的主要文字，这种形状的青铜斧在许愿的遗址中很常见。

2b. 短柄“箭”很常见，图为带有羽毛柄的箭，是短柄箭的一种变体。在克里特岛上发现的迈锡尼宝石中，偶尔也能看到类似的图案，它们代表打猎的箭，即将刺向野山羊或其他动物。赫梯象形文字系列呈现出一些十分贴近的相似之处。

1a 1b 2a 2b

3. 闸门、房门或围墙的一部分。

4a. 第一艘船上有两个新月，分别在桅杆的两边，也许是一种时间标记，表示航程的持续时间。一艘船有七根桨，另一艘有六根桨。在形式上，这些船只与出现在一类迈锡尼透镜状宝石上的主要类型的图形非常相似。

4b. 显然是一条金枪鱼。鱼作为象形符号在埃及和迦勒底很常见。

3

4a

4b

5a. 公山羊的头。这个符号与赫梯象形文字中表示相同对象的符号有着显著的相似之处。而埃及表示山羊头的字符则与它们不同，不仅标出了山羊头，还标出了山羊的脖子，而且山羊是没有胡子的。

5b. 公牛。它出现在一枚印章之上，该印章属于原始类型。

5c. 站着的鸟。捷卢比斯和布依加·美登的赫梯符号中也有类似姿势的鸟，而且这在埃及象形文字中也很常见。

5a

5b

5c

6a. 植物形态，与那些在赫梯纪念碑上发现的符号类似。

6b. 花的符号。两个例子之上的点可能代表了像百合这样的植物的雄蕊或雌蕊的柱头。

6a

6b

7a. 晨星或太阳，有八条旋转的光线。

7b. 光线。出现在叙利亚和亚洲的印章石上的类似星星的符号。

7c. 这个符号，连同它那两个像万字符一样的分支，可能是太阳光的入口。同心圆可以与埃及的◎做比较，（太阳有12条光线），sep=次数，还能和中国表示太阳的象形文字（中间有个点）做比较。

7a 7b 7c

8. 显然是表示山和山谷的象形文字，因此有“国家”或“土地”的意思。埃及的文字men =山，被用来代表“地区”和“国家”的限定词。snut=粮仓，它的中间出现了一两堆谷物，简单来说就表示“一块地”。古阿卡德符号中表示一块土地的符号为，与埃及文字类似。

8

“在这方面，”埃文斯先生说，“我们可以在古迦勒底的象形符号体系和迈锡尼时期的克里特人的象形符号体系之间，观察到一个真正引人注目的巧合。阿卡德文字Ut-tu的线性形式展示了表示大地的符号之上有一轮太阳，一株植物从大地中生长出来。但我在克里特岛东部发现的迈锡尼宝石样本上，并没有植物从地里长出来的象征或传统图像。”（《希腊研究期刊》，第313页）

虽然为了方便起见，我将线性文字单独分开讨论，但埃文斯先生认为它们与象形文字在根本上是有联系的，正如在其他文字中一样，两种符号体系中有一部分是重叠的（见表1）。线性文字与象形文字存在广泛联系，两种符号体系存在部分重叠。然而，关于这种联系，我们还存在一些疑问。特松塔斯博士（Dr. Tsountas）将埃文斯先生已发现的32个字符增加到了38个（《迈锡尼时代》，第279页）。1896年春天，通过埃文斯先生的发现，我们又有了一个重要的额外发现，有助于得出这些结果。在传说中的宙斯的出生地——迪科塔山的大洞穴中，我们发现了一块刻有文字的滑石，它与众多用来许愿的物体有关联。“它是一个或许可以被描述为‘供品表’的事物的碎片，其中一部分是由9个字母组成的献词，这些字母可能具有音节上的价值，与我们在印章上看到的早期克里特文字一致，文字中还有两个标点符号。”（阿瑟·J.埃文斯对英国学术协会H组——人类学组的讲话，《自然》杂志，第一辑，1896年10月，第531页）

这些线条被刻在三面印章石上，这些印章石在各个方面都与刻着象形符号的石头类似；还被刻在滑石挂件和螺壳上；如前文所示，还出现在陶器上的涂鸦中，或被刻在石料上等。埃文斯先生将表2所示的32个字符组合在一起，还加上了对应的塞浦路斯文字和埃及文字。表3举例说明两个或两个以上字符（无疑是音节文字）以小组出现。

表1 象形文字与线性文字对比

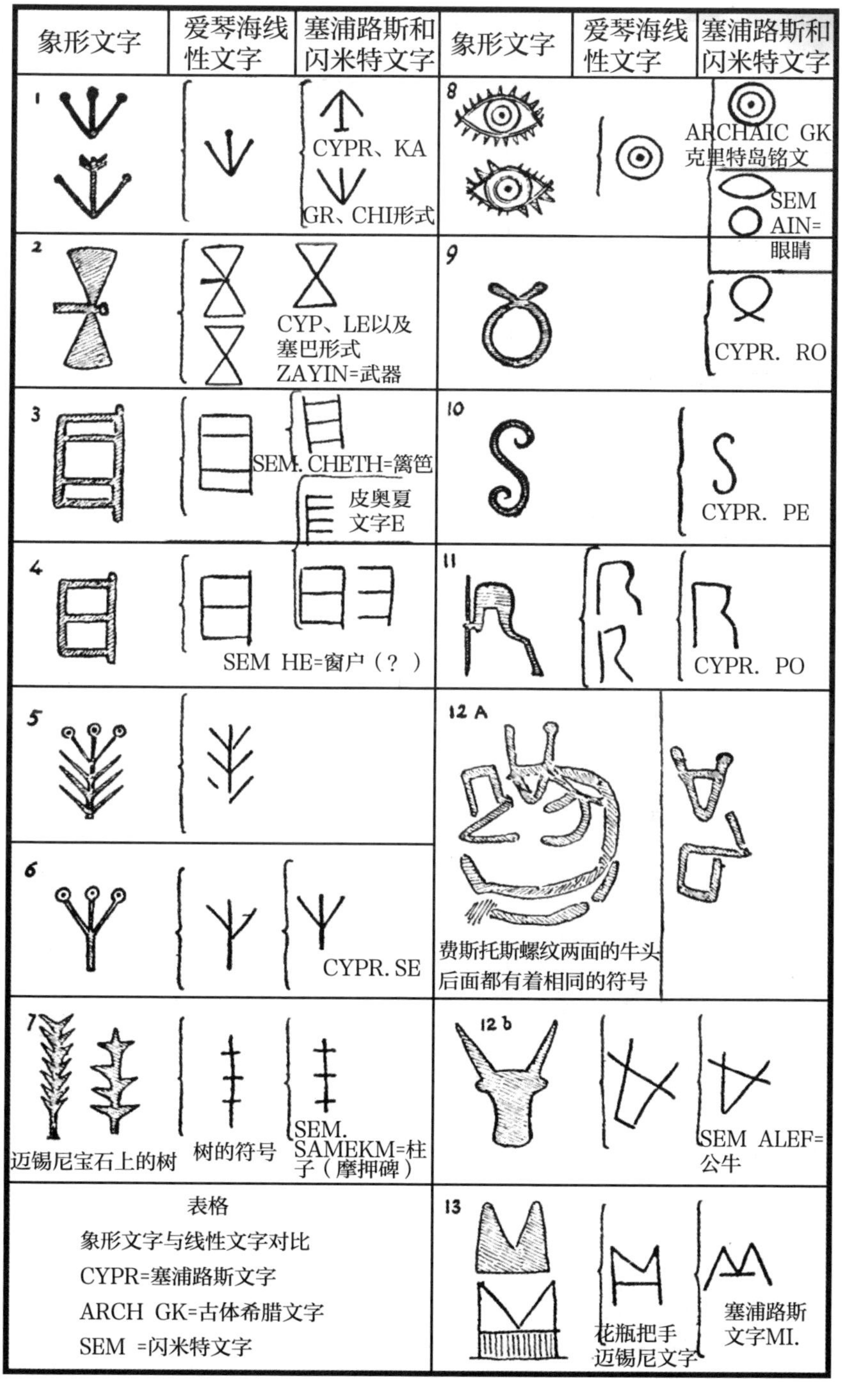

表2　线性文字与象形文字对比

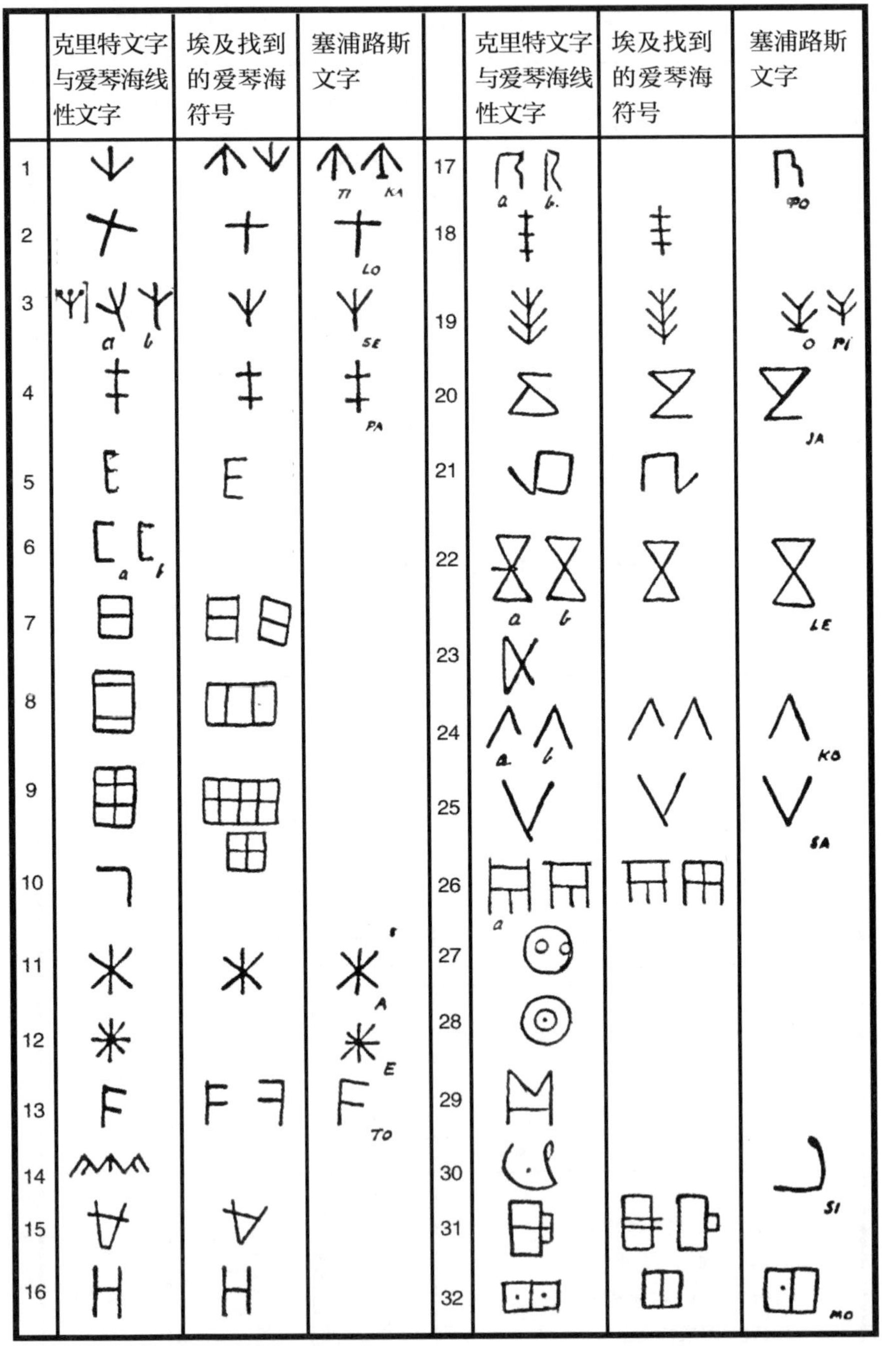

表3 线性符号类型

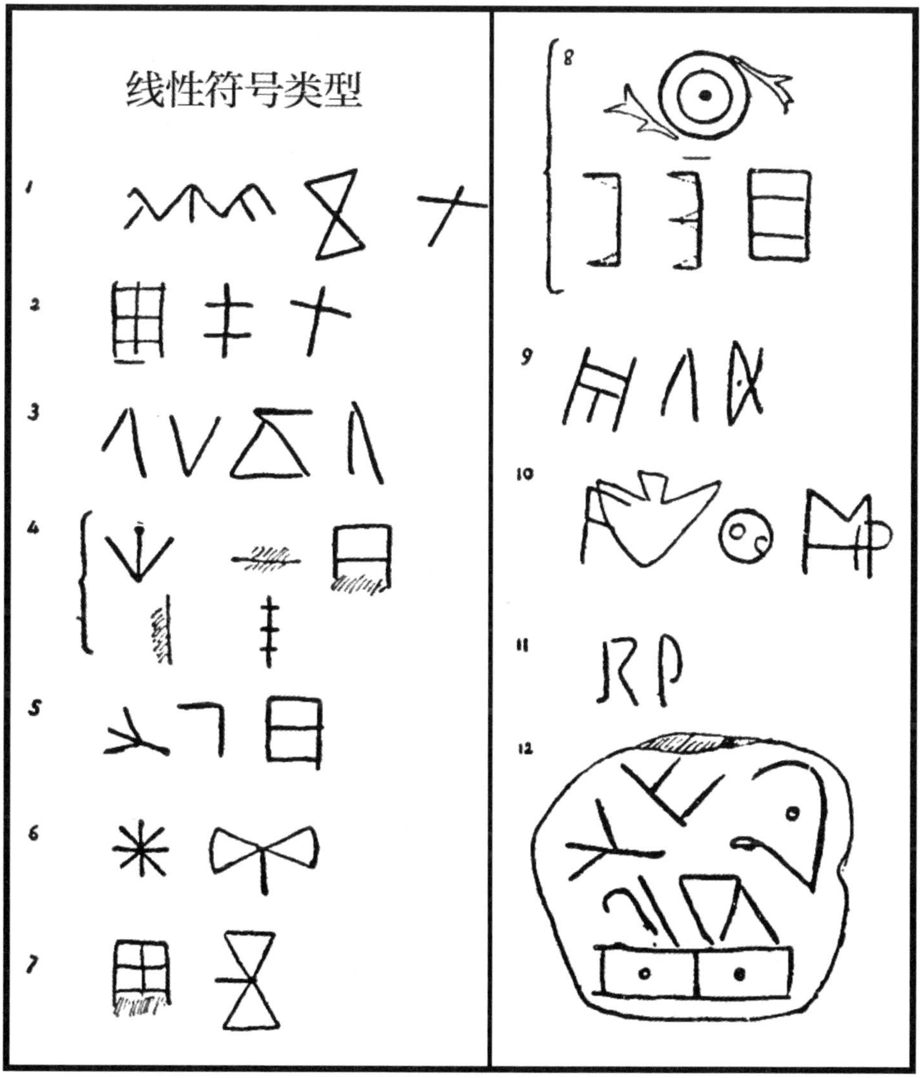

我们只在克诺索斯东部地区发现了刻有象形文字的图章石，这些文字似乎只在这座岛上使用，事实上，也许它们只在相对落后的地区使用。这对克里特象形文字中的线性文字的直系后裔不利。此外，特松塔斯博士认

为人们很少使用象形文字系统，即便有人使用，它对古希腊地区的影响也很小。但是由于目前挖掘工作发现的资料不多，下任何结论都为时过早，只能得出影响最广泛的一般观点。在32个象形符号中，有16个接近埃及文字，还有16个接近赫梯文字，但所有符号多多少少都有一个独立的字符，表明它们来自本土。虽然这类文字之间的巧合有时暗示了它们之间的亲缘关系，但我们必须记住，许多被描绘的对象之间的相似性解释了不同民族的图画文字的一致性。“有些克里特文字与小亚细亚文字有着惊人的相似之处；另一方面，许多最近的赫梯符号因为缺失而引人注目。假设这两个文字系统都生长在一个由更原始的图形元素构成的、或多或少相邻的区域里，这种相似性就能得到最好的解释。在一个地理上具有连续性的地区，早期的象形文字最初可能有很多共同元素，就像我们现在在美洲印第安人中发现的那样，后来，在奥龙特斯河岸和卡帕多西亚的高地或是爱琴海沿岸，一种更为正式的象形文字开始从这些更为简单的元素中独立发展起来，还有什么能比两种文字某些共有的特征更为自然且能够在它们中保留下来的呢？后来的相互沟通也有助于保持这些共同元素，但是我们在这里要探讨的符号文字基本上都是就地取材。克里特的象形文字系统与被迈锡尼文化支配的地区是分不开的。从地理上讲，它属于希腊。”（《希腊研究期刊》，第317页）

如上所述，我们只在克里特岛发现了带有象形文字的石头，但已经在迈锡尼、诺普里亚与希腊和埃及的其他史前遗址发现了线性文字的例子。此外，如前所述，一些符号与塞浦路斯文字、赫梯文字和闪米特文字有着明显的相似之处。

法尤姆之所以有名，是因为该地区古迹众多，其中有两座城市遗址：

第一座是卡洪城，可追溯至埃及第十二王朝，即公元前2500年；第二座是大约12个世纪之后的古罗布。这两处遗址都证明了亚洲人和爱琴海人曾定居于此。10年前，弗林德斯·皮特里教授（Professor Flinders Petrie）在那里挖掘时，发现了迈锡尼（他称之为爱琴海）的陶器碎片，上面刻的文字与在希腊发现的相似，有一些甚至完全相同。皮特里教授和埃文斯先生一致认为，在卡洪城出土的文物与这座城市一样古老；而谈起被认为于公元前1200年在一个被爱琴海人、小亚细亚人、图尔西尼人、阿开奥斯人、赫梯人和其他民族占领的地方使用的文字，弗林德斯·皮特里教授说道："需要一个非常确定的证据来证明，腓尼基字母起源于所谓的阿拉伯字母，然后我们才敢否认地中海字母起源于此。"（《埃及十年挖掘》，第134页）相反，我们在克里特岛发现了埃及第十二王朝的甲虫形宝石，其中值得注意的是一块滑石，上面雕刻着那个时期特有的螺旋装饰（图65）。

让我们再看看巴勒斯坦的拉吉城的巨大土堆中发掘出来的遗迹，它由11个不同城市的废墟层层叠加而成，我们在第4个城市的遗迹中发现了一些陶片，上面刻有类似于爱琴海文字的符号（图66），它们可以追溯到大约公元前1450年。克里特象形文字中大约有20%接近埃及象形文字，而在克里特的32个线性符号中，有20个几乎与在埃及发现的线性文字完全相同。埃文斯先生补充说道："它们与塞浦路斯文字的相似性也很明显，大约有15个与塞浦路斯音节表中的字母一致。"

埃及四十二王朝的甲虫形宝石

早期克里特印章石

图65

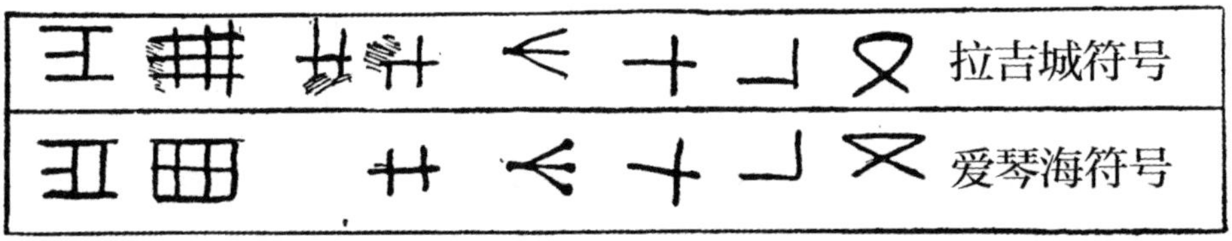

图66　拉吉城陶片上的符号与爱琴海符号的对比

这个音节表，正如它的名字所示，是在塞浦路斯岛上发现的，这个岛离小亚细亚只有60英里，也许我们能在岛上找到许多史前时期之后它与小亚细亚活跃往来的痕迹。我们可以认为它的古代文字与西亚文字的亲缘关系是根深蒂固的，因此，在调查之初，就有很多值得介绍的地方。它与赫梯人的音节表关系最近，可能是其直系后裔。现在，关于这些民族的参考资料迅速增多，也有了众多书写他们历史的文献，但事实上，我们对他们的了解并不比我们对腓尼基人和弗利吉亚人的了解更多，这意味着我们确实对他们知之甚少。穿越过去的迷雾，在拉吉城的石碑、卡纳克神庙的雕塑、希伯来语和其他记录给予的信息的帮助下，我们瞥见了一个伟大强盛的帝国，它的领土从幼发拉底河一直延伸到尤克西奈，一方面，它与埃及对抗，将边界推到了埃及境内；另一方面，它又与亚述为敌，发动了一场持续一千年的战争。公元前1270年，拉美西斯三世（Rameses III）不得不面对赫梯人和其他联盟民族的涌入，他在米格多勒打败了他们。他们“占领了叙利亚。地中海的岛屿和海岸上出现了成群的海盗，海面上满是他们的轻型战船，有力的船桨划过海水”。（劳林森的《古埃及史》第二卷，第271页）根据赖特博士（Dr. Wright）的说法，赫梯人首次出现在历史上是在“大约公元前1900年，根据阿卡德国王萨尔贡一世的铭文记载，并于公元前717年从历史上消失”。（《赫梯帝国》第122页）直到大约30年前，才发现了关于他们的纪念性遗迹。人们发现了他们与埃及之间的一个条约（已知这类条约中最古老的），这才证实了这个帝国的山顶祭坛存在于众多古代国家的山顶祭坛之中，每个国家都视其他国家与自己实力相当，并同意在它们需要时给予帮助。第一个赫梯文物是一块玄武岩，上面刻着奇怪的象形文字符号，这是1812年一个旅行者布克哈特（Burckhardt）在奥龙特斯河畔的哈马发现的，但他无法破译这些文字，这件事就被遗忘了。直到1870年，当这块石头重新被发现，类似的文物也随之进入公众视野。但直到今天，我们依然缺乏解释的钥匙，学者们等待着发掘出一些双语纪念碑，这样它们就可以为赫梯象形文字的解读工作做出贡献，就像罗塞塔石碑在解读埃及象形文字、贝希斯敦石碑在解读楔形文字时发挥的作用一样。在此之前，我们还停留在对这个强大的国家的猜测之中，尼罗河谷的雕刻则描绘了这个国家没有胡子的士兵腰带上插着匕首，手中握着双头斧。然而，就算我们对赫梯人完全不了解，他们广泛分布的遗迹也证明了他们精通某些方面的艺术。他们熔化银，锻造青铜，他们是技艺娴熟的宝石工匠和象牙雕刻师，“从他们拥有的独立的图形文字系统中，我们可以清晰地看到小亚细亚音节表的源头”。在哈马铭文中，文字是凸起的，并呈横向平行排列。

图67　哈马的赫梯铭文

“每行铭文之间及其边界被四条线清晰地分隔开，每条之间大约相距4英寸。竖线与文字之间则没有空隙。”铭文从右往左阅读，而在牛耕式转行书写法（boustrophedon）中则相反，这是一种古希腊文字样式。

回到克里特文字，我们必须思考它与迈锡尼文明类型之间的关系。迈锡尼文明包含早于荷马时代的希腊文明与爱琴海文明，以及希沙立克，也就是古代特洛伊文明。铁锹打破了我们的一些标准“权威”。格罗特（Grote）仅在他的名著中提过一次迈锡尼城，之后顺便提到它是一个传奇王朝的所在地。乔治·考克斯爵士（Sir George Cox）在他的《雅利安国家的神话》中，赞同马克思·穆勒教授（Professor Max Müller）的理论（资深语言学者现在仍支持他的部分理论），即围攻特洛伊“反映出太阳的能量每天白天围攻东方，每天晚上最明亮的财富又被西方抢走”，他还补充道，这一理论“得到了大量证据的支持，而这些证据可能会多到离谱”。现在另一方笑了。施利曼和他的接班人已经进入巨石墙内的区域，这些巨大的石块在很久以前就引起了人们的好奇，并激发人们想出了它们是由巨大的手搭建而成的故事。他们挖掘出的遗迹证明了古老传统中的一个历史因素，以及在盛名传说外表之下的事实核心。就像海伦娜女皇在寻找耶稣受难的十字架的过程中，找到了她想要的东西，施利曼太轻易地就认为他发现了阿伽门农的骨头和内斯特喝酒的杯子。他发现了一种文化的遗迹，对它的了解多多少少涉及对地中海东部人类历史的改写，因此也涉及对西欧人类历史的改写。

由于研究对象的限制，我们只研究了迈锡尼遗址中的铭文痕迹，最早被注意到的是一个石头杵，上面刻着一个类似塞浦路斯的符号字符。但一个符号无法构成字母表，最近我们发现的一个石头花瓶的把手以及从迈锡尼下城的墓室中挖掘出的黏土双耳细颈瓶的把手都令人很满意，前者显然是用当地材料制成的，上面刻着四五个符号（图68），后者上面刻着三个字符（图69）。我们在纳夫普利亚附近的普鲁西亚发现了一个真正的迈锡尼文明的器皿，它有三只耳朵，每只上都雕刻着一个类似希腊字母H的符号。这些可能不足以证明希腊存在前腓尼基文字系统，但是，结合在克里特岛的大量发现，它们就足以证明这一点。那么，迄今为止我们确定了什么事实呢？

图68　石头花瓶把手上的符号（迈锡尼）

图69　黏土双耳细颈瓶把手上的符号（迈锡尼）

我们在克里特岛发现了许多带有两种文字的物品，一种是象形文字或图形文字；另一种是线性文字，接近字母。象形文字是两者中较古老的，可以追溯到公元前第三个千年的早期。它可能源于岛上非古希腊居民的原始图画文字，这些居民被多利安人称为原克里特人，或“真正的克里特人”，根据传统的希腊年表，他们入侵克里特岛的时间大约在公元前12世纪中期。然而，这些“真正的克里特人”可能不是土著居民，尽管我们对这方面以及他们的语言一无所知。最近，我们在原克里特人的主要聚居地，普拉厄索斯的废墟中，发现了一篇以古希腊文字书写的未知语言的铭文，这证明了一个推论，即这种语言的古老文字已经被希腊字母取代。这种文字从未在岛外使用过，显然对迈锡尼文明没有任何影响。

线性文字系统是音节文字，也许在某种程度上也是字母文字。有人指出它可能是从象形文字中衍生出来的，但尽管它是象形文字的一种常规形式，特松塔斯博士却坚决否认它与原克里特人有联系。他认为它的简化发生在东方，发生在一个或多个民族中，但不包括希腊人。从那里，它被带到了希腊的土地上，在各个岛上，至少在克里特岛的传播比在伯罗奔尼撒半岛或希腊大陆的其他部分更广。如上文所述，在后两个地区，雕刻文字的物品非常少。这个问题的解决方案远未成熟，不过，对于解决这个问题做出很大贡献的弗林德斯·皮特里教授礼貌地允许我引用以下文字，它们来自他写于1899年9月2日的一封有关此话题的信件："公元前5000年，整个地中海地区都要使用一个伟大的古代文字符号表（如果不是起源于象形文字的话，但看上去是几何形的）。实际上，它是在那个时期的埃及被发现的，在与埃及象形文字系统和赫梯象形文字系统的相互融合中被一分为二，变成了东方与西方两种形式。这种线性符号发展出了各种形式，但在不同的国家中都保留了许多共同之处。它最初变得系统化是由于被腓尼基商人赋予了数字价值，他们把它带到了希腊，希腊古代文字符号表因此被界定为字母表。但更完整的古代文字符号表在卡利亚幸存下来，它包含36个符号，在伊比利亚还有7个符号，因此共有43个有价值的符号。伊比利亚人和卡里安人之间的这种联系是显著的，埃及人与西方的联系也是如此，与东方的联系却不明显。在埃及发现的符号中有13个与早期阿拉伯文字有共同之处，15个与腓尼基文字有共同之处，33个与卡里安文字和凯尔特伊比利亚文字有共同之处。这表明埃及第十二王朝和第十八王朝的古代文字符号与其他地中海文字系统之间的联系十分紧密。"1899年，在英国学术协会会议上宣读的一篇重要论文中，弗林德斯·皮特里教授这样写道："因此，对于字母表的起源，我们现在站在一个全新的位置上，看到它们的源头大概要比我们之前想象的还要古老两倍。这些符号早期不可能被用来书写拼好的文字或作为字母表使用。这只是一堆符号，人们大体上或多或少能理解它们的意思而赋予每个字母价值，只使用声音符号来构建单词显然是由腓尼基商业驱动的文字系统化的一个相对较晚出现的结果。”（《人类学协会期刊》1899年8—11月刊，第205页）

把在小亚细亚、埃及、克里特岛、塞浦路斯、罗德斯岛、塞拉岛、米洛岛和地中海东部的其他岛屿与伯罗奔尼撒群岛的探险结果联系起来，我们似乎就能证明确实存在过一个前腓尼基文明，迈锡尼可能通常被视为该文明的中心。

就其与人类发展的史前阶段的联系而言，这种文明同这个广阔而古老的世界上的任何其他文明一样，符合连续性原则，但出于时间计算的目的，它至少要追溯到我们的时代之前的三千年。我们在埃及发现了迈锡尼花瓶，在迈锡尼遗址中发现了埃及的甲虫形宝石。它们证明了这两个国家在公元前2500年就有密切的来往，而且迈锡尼与更远的地方也有来往。模仿巴比伦而建的圆柱、雕刻的手掌和狮子、阿施塔特与她的鸽子的形象，这些都表明在荷马史诗时代的1500年前，亚述和希腊就已经开始接触。但是，东方艺术传到阿尔戈利斯的土壤上的例子仍然或多或少会带有异国情调，而迈锡尼艺术的独立特征则能保持不变。现在，这一证据累积起来（在此仅作简单概括），粉碎了关于欧洲文明起源于腓尼基的现有理论，因此，我们在此主要关心的是欧洲字母的腓尼基源头（两者经由埃及僧侣体联系在一起）。因为有证据表明迈锡尼文明出现时间更早，文字是本土的。

在此简单陈述一下我优先考虑的证据。爱琴海和希腊大陆的文明可以追溯到公元前3000年以后，并在公元前16世纪到前12世纪之间达到全盛。

我们对腓尼基人的了解几乎都来自二手资料，因为即使他们曾经有过文献或当地的编年史，这些也都没有保存下来。将古典传说与埃及和希伯来记录中的参考资料结合起来，我们可以推论，在从公元前1600年起的大约3个世纪里，腓尼基都是法老的属地。公元前1250年，孟菲斯有一个提尔地区。公元前1028年，希拉姆（Hiram）似乎重建了提尔城，从那时起它就开始发挥商业上的重要性，而它未来的劲敌迦太基则被认为重建于公元前8世纪早期。迈锡尼文明的衰落是公元前12世纪多利安人入侵的众多结果之一，这给了腓尼基人机会。他们征服了爱琴海，并在地中海地区保持着统治地位，直到希腊人复兴了他们的古老传统，将腓尼基人驱逐出他们的水域，并在公元前332年提尔城被亚历山大大帝洗劫后，打破了腓尼基人的霸权。在由盛转衰期间，腓尼基人在商业上的卓越地位使得他们能够把字母强行输入给希腊人，而字母是保存希腊人的知识财富和他们之后所有学识的工具。现在我们就要来思考这种字母可能的来源是什么。

在充分接受了亚洲和埃及的影响之后，事实上迈锡尼的本土艺术已经非常发达。陶器的装饰既非东方风格，也不是埃及风格；描绘的海藻和海洋生物都来自希腊本地的岛屿；神圣的树木和柱子上没有闪米特元素，但正如埃文斯先生所说，“在原始的欧洲大地上广泛呈现出来的一个宗教时期的结果，在西方最为持久”。但是，如果阿尔戈利斯和叙利亚之间的岛上有歇脚处的话，那么西边就有连续的通道，使得迈锡尼成为连接东西方的纽带。之前我们认为史前欧洲的旧石器和新石器时期之间存在断层，如今找到的众多证据（自从我们的原始祖先从北非出发，沿着如今早已消失的岛屿路线穿过海洋来到这片大陆时起，人类就有了一直在这里生活的证据）填补了这一断层。同样，被所罗门·雷纳克先生（Mr. Salomon

Reinach）愉快地称为“东方幻想”的一支来自东方的引进了金属的民族也已经消失了。他们在一波又一波的种族浪潮中，把先于他们抵达的更古老的定居者赶到了西北最偏远的角落。一旦有了人类，欧洲就像亚洲和美洲一样，沿着独立的路线发展起来，然而，这些发展路线并没有与连接东方的线路隔离开来。地中海两岸使用常见的商业符号的惊人事实，以及撒丁岛还存在迈锡尼纪念碑的遗迹，与其他事实共同说明了在迈锡尼人离开波斯湾沿岸去往叙利亚沿海地区之前，欧洲的一部分与另一部分之间的联系有多紧密。他们让我们接受了一个新的理论：“爱琴海文化起源于一个大省的中部，这个省从瑞士一直到意大利北部，经过多瑙河流域和巴尔干半岛，并继续延伸到安纳托利亚的大部分地区，直到最后到达塞浦路斯。”（埃文斯在英国人类学协会的演讲，《自然》杂志，1896年10月1日，第529页）他们让我们意识到，在青铜时代，如果斯堪的纳维亚半岛和它的边境地区是琥珀的原产地，那么供应给北欧和中欧的黄金就不是来自乌拉尔，而是爱尔兰。

这个被认为是“爱琴海”文化的中心，并向外传播该文化的地方被命名为“爱琴海”。此名称涵盖了地中海东部地区，那么这就产生了一个问题，也就是我们是否可以将该地区的某些明确的地点称为发源地。“希腊，”希罗多德说，“以前被称为皮拉斯基，而这个前古希腊时期的希腊居住着原始人或同样被含糊不清地称为皮拉斯基人的民族。希腊大陆和岛屿上居住着‘皮拉斯基人’，整个伯罗奔尼撒半岛都采用了‘皮拉斯基’这个名字；梯林斯的国王是皮拉斯基人，埃斯库罗斯称阿尔戈斯为皮拉斯基城；保塞尼亚斯说，阿卡狄亚人说皮拉斯古是第一个住在那个国家的人，因此，在他统治时期，那个地方被称为皮拉斯基；雅典的一堵古城墙被认为是皮拉斯基人修建的，而阿提卡人则自古以来就被这样称呼。来兹波斯岛也被称为皮拉斯基，荷马知道皮拉斯基人居住在特罗阿德。他们的定居地更远可追溯至埃及、罗得岛、塞浦路斯、伊庇鲁斯——多多纳是他们古老的圣地，最后，他们还定居在意大利的各个地方。”（《人类的过去与现在》，基恩（Keane）著，第505页）希罗多德对“野蛮人”（他将“野蛮人”作为一个描述性的词汇，其中并没有轻蔑的意思，希腊人用这个词来称呼所有不说希腊语的外国人）没有什么好感，认为他们都很粗鲁，语言粗俗，崇拜恶神。瓦克斯穆特（Wachsmuth）在他60多年前出版的《希腊的历史文物》一书中写道：“许多传统的叙述（真实性毋庸置疑）将他们描述为一个勇敢、品行端正和值得尊敬的民族，与由一群风俗与生活方式相似的人组成的种族相比，他们的血统和部落都没有那么独特。”鉴于最近有了一些希腊史前时期的发现，基恩教授恰如其分地称上述文字为“精彩的叙述”，它们使我们有理由把爱琴海的文化发展归功于皮拉斯基人。但是在哪个岛，或者大陆的哪个部分呢？迈锡尼发现的重要特征一开始就把我们的探索引向了那里。我们已经在那座城市的废墟以及她的姐妹城市梯林斯中发现了各种古代文化的遗迹，从拱形墓室里戴着金面具的骨架，到装饰华丽的宫殿与城墙、堡垒的巨大废墟。但是存在这样的传说，传说认为这些阿尔戈利斯城市比克里特岛上荷马的“伟大的克诺索斯城”建立时间更晚，“迈诺斯在9岁时开始统治，他与伟大的宙斯展开交谈，他是我父亲的父亲，甚至也是丢卡利翁的父亲，他充满勇气”，传说有一个重要的克里特王国，在阿伽门农统治迈锡尼之前十分繁荣。

水是文明的发源地，也是生命的发源地，而爱琴海或迈锡尼文明的发源地可能就在克里特岛。岛上遍布前古希腊文化的遗迹。它是从希腊到小亚细亚途中的一个大歇脚点，两地中间还有卡尔帕索斯和罗德岛。向东可与塞浦路斯、叙利亚和埃及往来，往西可达西西里岛和地中海西岸。最早的希腊传说可以追溯到克里特岛，“那里是由神授意立法的发祥地和最早的海洋统治中心”。而且，最重要的是要记住，就爱琴海水域航行艺术的起源而言，代表腓尼基人的老论点和现在代表克里特人的新论点之间不存在任何矛盾。叙利亚沿海地区没有港口，也没有遮蔽；第一次冒险在“非酿造的‘葡萄酒般黑暗的’水域（荷马描述大海的词多么精妙）中航行的是岛上的居民，从幽静的小溪和港口的航行成长为快速而突然的冒险事业，他们的航行伴随着星星升起与落下以及月亮一次又一次出现，他们也变得越来越大胆。爱琴海岛上世界的居民中早期的海上贸易者比他们的邻居更早开始这项事业，并产生了一种形式更高级的文化，这种文化注定会影响广大的欧洲地区，不，甚至会影响到更为古老的埃及文明和亚洲文明”。（埃文斯在英国协会的演讲，第530页）东方探险之后，这种文化开始在整个爱琴海传播。当塞浦路斯生产出以它的名字命名的金属时，前希腊人将小亚细亚的黄金铸造成各种美丽的形式，他们的艺术技巧可与东方人一较高下。在评论迈锡尼文明的起源时，弗雷泽先生（Mr. Frazer）恰当地说道：“克里特岛上这个伟大的海上强国存在的早期，由于它位于希腊和东方帝国的中间，这个位置很适合接收与融合两者的特点，这解释了像迈锡尼文明这样的文明为什么会崛起并广泛传播。这个充满活力的民族带着对艺术的独特感觉，受东方文明的影响，创造了自己的文明。铁锹可能在未来的某天将会决定阿尔戈利斯和克里特文明孰先孰后的问题，但与此同时，似乎很可能是迈锡尼文明在克里特岛兴起，以此为中心传播出去，但直到克里特人的权力逐渐衰落之后，梯林斯和迈锡尼才开始变得繁荣。”（《评论保塞尼亚斯》第三卷，第151页）迈锡尼文明在一场大灾难中灭亡。大约在公元前12世纪中叶，多利安入侵者向南进军，到达梯林斯和迈锡尼的城墙之下，洗劫并焚毁了这些城市。然后，希腊开始进入“漫长的黑暗时代，之后，出现了荷马文艺复兴”。在那段可怕的时期之后，幸存的花朵在爱琴海以东的岛屿和爱奥尼亚海岸寻找新的家园。这些从阿尔戈利斯来的流亡者在那里奠定了一种文化的基础，只要世界存在，这种文化的影响就一直存在，因为爱奥尼亚仍然是所有珍视人类在艺术、文学、科学和哲学方面取得成就的人的故土。

迈锡尼的覆灭给了腓尼基机会，腓尼基则迅速抓住了这个机会，在爱琴海各处建立营地，巩固了地中海的霸主地位。但由于政治上不统一，以及在麻烦来临时依赖雇佣军的援助，腓尼基最终还是屈服于重振雄风的希腊人的势力之下。腓尼基人在兴起和衰落之间，实际上把字母表变成了现在的形式，并确保了它被希腊人采用。但是，如果他们的字母不是从埃及僧侣体中衍生出来的，那又是从哪里来的呢？

目前还没有确切的答案，也许永远也不会有。并非只有卡农·罗林森一人认为，可能永远也无法确定，腓尼基文字是埃及文字、赫梯文字还是塞浦路斯文字的变体，又或许仅仅只是腓尼基人特有的一种图形文字的缩略形式。在发现克里特象形文字和线性符号之前，就已经有人提出了这个观点，但这两种文字的发现并没有解决这个问题。腓尼基人受到了各种各样的影响，他们的适应性很强，很容易受到周围环境的影响。出现在叙利亚之前，他们可能已经拥有很长的历史。作为闪米特人的一支，他们大概对楔形文字很熟悉。孟菲斯的提尔区是众多使用或者至少是熟悉埃及文字的人们的定居地之一。当腓尼基人来到爱琴海时，他们发现了一种古老的文字，通过使用这种文字，地中海沿岸的交流变得十分便利。这种文字对于一个渴望做贸易的温顺的民族来说非常有用。考虑到所有这些可能性，埃文斯说，至少有必要估量一下“腓尼基文字的基础至少有一部分来自爱琴海那边的可能性。我们发现的迈锡尼文化的遗迹越多，就越能看到，爱琴海人在艺术和文明方面比他们在迦南海岸的邻居领先多少。随着商业的扩张，他们开始在尼罗河流域和地中海的阿拉伯和红海贸易市场建立殖民地。这种形势与我们后来看到的正好相反。那时在希腊的海岸和岛屿上建立商业定居点的并不是西顿人。”（《希腊研究期刊》第368页）相反，我们尚不清楚是否有闪米特元素被引进了爱琴海，但如果这一点能被证实，那么两种文字之间的相似之处就不难解释了。当我们不再将推测的结论凑在一起，就能看到似乎腓尼基字母表有多种来源，几个文字的选择和修改是出于便利目的，并且主要原因以及本质上是为了商业上的便利。对于所有忙于众多交易的商人来说，他们想要一种简洁的记录方式，他们的目标就是让文字使用起来尽可能接近“速记”。他们摒弃了多余的符号，像无用的限定词之类的符号，还发明了一个字母表。即使它不完美（事实上没有字母表是完美的，因为字母需要时常修订，才能体现出发音的变化），但也具有符号价值，并被过去的文明世界接受，而且还做出了些许修改。人类没有其他任何发明像它一样持久。因此，我们欠这些古老商人的债务一点儿也没有减少，因为目前关于我们的字母表起源的理论仍疑点重重。关于腓尼基人所做贡献的这一理论在狄奥多罗斯（Diodoros，与朱利乌斯·恺撒和奥古斯是同时代人）记录的一个古代克里特传说中得到了证实，埃文斯先生在他再版的论文中也提到了这一传说。根据这个传说，腓尼基人并没有发明文字，只是“改变了它们的外形”。换句话说，他们只是改善了一个现有的文字系统，这也正是我们最近发现的证据所显示的结果。“我们可以从狄奥多罗斯记录的克里特人的主张中推断出，克里特人声称在腓尼基字母表引入之前，他们就已经拥有了一套文字系统。目前在克里特土地上发现的象形文字和线性文字，可以追溯到任何我们已知的克里特人与腓尼基人接触之前的时代，这一发现为我们提供了一个有趣的佐证。”（《克里特象形文字》，第372页）

第十章
希腊莎草纸

希腊人继承了爱琴海的统治权。他们是技艺高超的造船工匠和航海家，已有证据证明，他们的航海事业领先于腓尼基人，从公元前8世纪开始获得新生。从东到西，从奥德赛到马赛，都有他们的工厂和殖民地，马赛是他们最远的一个定居点，我们发现他们于公元前600年在那里定居下来。在埃及第二十六王朝（公元前666年）的第一任国王普萨美提克一世（Psammetichus）与亚述人的战争中，爱奥尼亚人与和卡里亚人向普萨美提克一世提供了援助。作为回报，他允许这两个民族在埃及永久定居，在他的儿子尼科二世（Necho II.）统治时期，塞易斯和瑙克拉提斯这两个城市中满是希腊移民，当时埃及的繁荣主要归功于他们开展的商业和智力活动。三百年后，亚历山大大帝征服了这里，建起以他的名字命名的城市，保卫了他们当年获得的立足点。我们有必要记住这些事实，因为在评估文明世界亏欠希腊的债务时，我们容易忘记它不仅为文明世界做出了智力上的贡献，也做出了社会和实业上的贡献。这些事实对于我们解释希腊字母表的传播，或者更确切地说，希腊字母表的西方形式或哈尔基斯形式的传播，以及拉丁字母表（通过它，又衍生出了欧洲和美洲字母表）的起源都有直接的关系。虽然大希腊（Graecia Major）这个名称仅仅指的是意大利南部地区，但从更广泛的意义上来说，它与大不列颠这个词类似。就像大不列颠既指英国的本土岛屿，也用来指代英国的殖民地一样，大希腊也包括希腊本岛及其在沿海的扩张之地，它的海水淹没了文明世界的海岸。英语语言和英语字母传播到了全球超过半数的文明世界，这一点也许能与“古希腊文化和古希腊文字在整个地中海地区的传播相比较，它们起源于公元前几个世纪的多种派生的字母——伊比利亚文字、高卢文字、伊特鲁里亚文字、拉丁文、古代北欧文字，之后还有密西哥德与阿尔巴尼亚文字等”。（泰勒，第二章第125页）

古文字学或文献的破译以及金石学或铭文的破译，对于字母表的历史来说都是不可或缺的关键因素。但是，研究每份材料都要查询大量文献，此外，此处提及它们只是保证了它们与字母表的发展和传播有关。就像《普里斯莎草纸》和《死亡之书》一样，一些古老的记录引起了人们的浓厚兴趣。用现代词汇来说，它们就是“人类文献”。希腊的莎草纸就属于这类文献，它们是目前已知的在埃及发现的最古老的标本，有几千年的历史，即从公元前3世纪到公元7世纪，因此，关于这个主题，凯尼恩先生（Mr. Kenyon）在他的专著中写道：“我们可能会光明正大地说我们知道人们在亚里士多德和米南德（Menander）时代是如何书写的，但是我们还没能回到平德尔（Pindar）和埃斯库罗斯（AEschylus）的时代，更不用说回到荷马或（如果要选择一个不太有争议的名字的话）海希奥德（Hesiod）时代。”莎草纸作为书写材料的使用可以追溯到遥远的古代埃及，但我们不能确定希腊人是否在公元前5世纪早期之前就在使用它，而“随着阿拉伯人征服埃及（公元640年），希腊人在莎草纸上写字的做法受到了致命的打击”。到目前为止，我们发现的更多的都是用来处理官方和商业事宜的文件，而非文学性的记录，像税吏的收据（尽管其中许多就是在陶瓷碎片或牡蛎壳上涂涂写写，将对国家有害的人的名字刻在贝壳上）、离婚后收到归还的嫁妆的确认函、遗嘱、公职医生的尸检报告、家务账单、保证金契约、所有权继承登记文件、婚礼和宴会请柬。这里有一个1800年前的宴会请柬的例子：“查埃隆恭请您明天，也就是15日9点（即大约下午3点）在塞拉匹斯神庙塞拉匹斯神[1]的餐桌旁一同用餐。”其次是家庭信件，其中有一封尽管过了几个世纪，但依然触动人心，是一位父亲写给儿子的，信中这样写道：“告诉我，我能为你做些什么。再见，我的孩子。”还有另一封信是一个男孩写给父亲的，写得十分粗糙，拼写和语法都有错误。“席恩向他的父亲席恩问好：你没带我一起去亚里山德里亚，真是太好了。我不会给你写信，不会跟你说话，也不会跟你说再见，如果你去亚里山德里亚，我不会牵你的手，再也不会向你问好了。如果你不带我去的话，我就会这么做……给我一把七弦琴，我求你了。如果你不给我，我就不吃饭，不喝水。好啦，从现在开始！”

1752年，我们在赫库兰尼姆首次发现了希腊莎草纸。它们由1800多卷烧焦的卷轴组成，被封在一个木制的柜子里，它们是一个名叫卢修斯·皮索·卡桑尼乌斯的人的图书馆中的一部分藏品，是在他的别墅废墟中被发现的。莎草纸的状况决定了展开和破译它们都十分烦琐，这项工作至今还

① 希腊人设计出来的神，来生与肥沃生产力之神，也是医生和烦恼解决者。

没有完成。“它们都是用小安色尔字体书写的，除了古文书上学到的价值之外，几乎没有什么别的价值，内容是菲洛泽慕斯（Philodemus）和伊壁鸠鲁学派的其他三流哲学家所写的关于物理、音乐、修辞和类似主题的一文不值的论文。”四分之一个世纪后，人们在埃及（很可能是在法尤姆）发现了几卷莎草纸。这些莎草纸遭到了本地人的摧毁，只有一卷幸存下来，上面记载着一个服徭役的农民的清单。直到1820年，人们又在孟菲斯的塞拉皮斯神庙遗址中发现了大量莎草纸卷轴，这为我们了解公元前2世纪的希腊文字提供了关键资料。从那时起，每隔一段时间，我们都会有更多和更重要的发现。已知的最早的例子可以追溯到公元前3世纪，是弗林德斯·皮特里教授于1889年在古罗布[①]的众多木乃伊匣子中发现的。这些莎草纸大多是非文学性的遗嘱、请愿书和诸如此类的文件，但其中有两件珍贵的文物，一件是柏拉图的《斐多篇》的片段，另一件是欧里庇德斯遗失的《安提俄珀》的碎片。接着又发现了另一部遗失的著作；赫罗达斯（Herodas）即亚历山大时代的一位几乎不为人知的作家的“拟剧”，希佩里德斯（Hyperides）另一篇演说的一部分；一篇冗长的医学论文以及荷马、狄摩斯梯尼（Demosthenes）和艾索克拉底（Isocrates）的作品片段。虽然这些“拟剧”有着2000年的历史，但就像昨天刚写出来的一样生机勃勃。惠布利先生（Mr. Whibley）写了一篇关于这些被人们找到的宝藏的文章，他在这篇极具吸引力的文章中评论道：“它们经受住了严格的时间考验，在无数个世纪里，它们都不曾被世人的眼睛看见。赫罗达斯[②]描述的情感不

① 拉罕以南的沙漠西部边缘的一处遗址，这是埃及学家使用的该遗址的阿拉伯名字，意为乌鸦镇。

② 前300—前250年，古希腊拟剧作家之一。

是只属于希腊人，而是全人类共通的，不需要任何考古学知识储备就能欣赏它们。世界从来就不年轻，所以也永远不会变老。这位考古学家花了数年的时间研究，想要绘制一幅希腊生活的画卷，结果只描绘出了一团冰冷单调的‘地方色彩’。没有正确的比例关系，没有氛围，没有背景；除了‘细节’之外，所有东西都是假的，它们只会使画布超载。赫罗达斯展示的不是一幅画，而是一种印象，一出2000年前的拟剧展现出的生活场景比贝克尔（Becker）、埃伯斯（Ebers）和考古学家们全部作品中描述的还要多。”（《19世纪》，1891年11月，第748页）这里有一个惠布利先生十分欣赏的场景。剧中人物有麦特里奇（Metriche），一个离了婚的女人；她的女仆特莱莎（Threissa）；还有吉丽斯（Gyllis），一个老太太。

麦特里奇：特莱莎，有人敲门，去看看是不是乡下来的客人。

特莱莎：请推开门。不敢进来的人是谁？

吉丽斯：好吧，你看，我进来了。

特莱莎：我该怎么称呼您？

吉丽斯：吉丽斯，费莱妮斯的妈妈。进去吧，告诉麦特里奇我来了。

特莱莎：有客人来了，夫人。

麦特里奇：什么，吉丽斯，亲爱的老吉丽斯！把椅子转过来一点儿，女孩。是什么样的命运促使你来见我呢，吉丽斯？你是天使来访，真的！哦，我相信已经有5个月没人梦见你来敲我的门了。

吉丽斯：我住的地方离这儿很远，小路上的泥都要淹到你的膝盖了。我一直都想来，但年龄的重担压在我身上，死亡的影子就在我身旁。

麦特里奇：放心吧！不要污蔑时间之父，年老也会习惯性地碰别人的手。

吉丽斯：说笑了，尽管年轻女人能找到比这更好的事情去做。可是，我亲爱的姑娘，你单身太久了！曼德里斯被派到埃及已经10个月了，他还没给你写过一封信。毫无疑问，他已经把你忘了，正在一泓新的泉水边喝酒呢。你会发现埃及有着或曾经有过一切——财富、竞技、力量、好天气、荣耀、绝世美女、哲学家、黄金、英俊的青年、神庙、最杰出的国王、世界上最宏伟的博物馆、美酒、所有你渴望得到的好东西和女人，这些东西像石头一样不计其数，像巴黎的绝世美女一样美丽。

麦特里奇分辩，但吉丽斯暗示曼德里斯已经死了，透露了她此行的目的。

现在来听听这么久之后，我给你们带来的消息。你知道吉丽斯吧？他是马塔奇尼的儿子，念书时是个著名的运动员，上大学时偶尔陷入忧郁，现在是业余的冠军拳击手。他非常富有，过着平静的生活。看，这是他的图章戒指。唔，有一天他在街上看见了你，深深地爱上了你。而且，我亲爱的姑娘，他不论白天黑夜都不离开我家，为自己的命运感到惋惜，不停呼唤你的名字；他肯定会为爱情而死。

当吉丽斯建议她回报他的爱时，麦特里奇生气了。

命中注定，吉丽斯，你的白发让你丧失理智。目前还无须哀叹曼德里斯的命运。得墨忒耳[①]啊，我可不想从别的女人嘴里听到这些话。还有你，亲爱的，再也别到我家来跟我说这样的话了。没人能嘲笑曼德里斯……但是，如果世人说的都是真的，我就不必对吉丽斯这样说了。特莱莎，我们吃点儿点心吧。拿瓶酒和一些水来，给这位女士一点儿喝的。吉丽斯，喝吧，别生气了。

就这样，通过愉快礼貌的交谈，这场争吵结束了。

看了其他发现，其中包括米南德（他的几百个剧本中没有一个是完整的）的一些剧本碎片之后，我们来看看格伦费尔（Grenfell）先生和亨特（Hunt）先生于1796—1797年在埃及中王国的一个省——古代奥克西林库斯遗址发现的数千卷希腊莎草纸。这些文物的完整清单还没有公布，破译它们还需要几年时间；但其中有一些知名和不知名的文学作品片段。这些文学作品片段中有一卷莎草纸是公元2世纪的产物，包含一系列耶稣基督的名言集或语录，其中一些是我们熟悉的，其他则是全新的。以下文字是由A. C. 海德勒姆牧师（A. C. Headlam）根据洛克（Lock）和桑戴（Sanday）教授暂时确定的文本翻译的。

1. 耶稣说，先去掉自己眼中的梁木，然后才能看得清楚，去

① 古希腊神话中的农业、谷物和丰收的女神。

掉你弟兄眼中的刺。

2. 耶稣说，你们若不禁食，就不得见神的国；你们若不守那真正的安息日，就不得见父的面。

3. 4. 耶稣说，我站在世界中间，他们看见了我的肉体，我见众人都醉了，没有一个人发现我渴了。我的灵魂因世人而疲惫，因他们的心瞎了，看不见自己的穷乏，也不知道自己的穷乏。

5. 耶稣说："凡有二人的地方，必有神。"我与他同在，搬开石头，你必将找到我。劈开木头，我必显现。

6. 耶稣说，先知在本地是没有人尊敬的，医生也不医治邻舍。

7. 耶稣说，一座城建在高山顶上，十分坚固，不会倒塌，也无法隐藏。

8. 耶稣说，你只用一只耳朵听，将另一只耳朵闭上。

这类发现会诱使人们去思考它们的意义，但我们必须抵制这种想法。还有人会忍不住去参考与希腊字母表的历史有关的其他材料——尤其是在尼罗河第二瀑布附近的阿布辛贝神庙的巨大雕像上的碑文——仅仅是其中抽象的文字就足以填满这本小书。上文给出的摘录已经足够丰富，将足以表明我们在这些古老的遗迹中发现的文献对于我们了解过去有多么重要。如果失去了那些对人类思想与情感的记录，失去了那些坟墓与描绘生活的欢乐图画（它们描绘的场景与我们自己的生活是如此相似），这个世界将会变得多么匮乏，凭借这些文献，我们了解到在人类居住在地球上的这段时间里，人性只是表面上发生了变化。

在剩下的几页中，我们必须勾勒出腓尼基字母（也许是为了方便，我们仍然这样称呼它）的历史发展进程，出于此目的，我列了以下表格，这是对卡农·艾萨克·泰勒《字母的历史》（第一卷，第81页）中内容的概括，是一份实用的指南。

- 腓尼基文字
  - 阿拉米字母
    - 希伯来文
    - 叙利亚文
    - 蒙古文
    - 阿拉伯文
    - 巴列维文
    - 亚美尼亚文
    - 格鲁吉亚文
  - 塞巴文字
    - 埃塞俄比亚的阿姆哈拉文
    - 印度文字
      - 巴利文
        - 缅甸文
        - 暹罗文
        - 爪哇文
        - 锡兰文
        - 朝鲜文
      - 那格利文
        - 藏文
        - 克什米尔文
        - 古吉拉特文
        - 马拉地文
        - 孟加拉文
        - 马来文
      - 达罗毗荼文
        - 泰米尔文
        - 泰卢固文
        - 卡纳里文
      - 古希腊字母
        - 希腊文
        - 拉丁文
        - 俄文
        - 哥普特文

可以看到，几个字母表可归为3个主要来源：1. 阿拉米字母，西亚的大部分字母表都源自阿拉米字母；2. 塞巴字母，印度字母表的源头；3. 希腊字母，欧洲字母表的源头。

1. 阿拉米字母，所谓来自“亚兰”即美索不达米亚丘陵地区的字母，从公元前7世纪起成为亚洲的商用文字，因为亚兰位于埃及和巴比伦之间的贸易线上。后来，这种文字被巴比伦宫廷采用，成为巴比伦的官方文字，并“最终分裂成多个国家的字母，由于宗教原因，它们才可能独立存在”。后来的字母——帕西文、希伯来文、叙利亚文、蒙古文和阿拉伯文最初都是亚兰字母在当地的变体。出于偶然，它们成为亚洲五大信仰——拜火教、犹太教、基督教、北方佛教和伊斯兰教的神圣文字。因此，亚兰字母表的后代在地图上占据的空间仅次于拉丁字母表。”（泰勒，《字母的历史》第一卷，第249页）如表所示，它们是：①希伯来文，《圣经》就是以希伯来文的现代方形字符印刷的，还有以希伯来文印刷的法律卷宗；②叙利亚文，曾经是基督教文献中的一种重要文字，但现在只有一些不知名的教派仍在使用；③蒙古文有一段奇特的历史，卡农·泰勒的书（《字母历史》）中有详细叙述（第一卷，第297—312页），它来源于叙利亚文，由聂斯托利派的传教士将叙利亚文传遍亚洲，公元431年，聂斯托利派因其创立的关于耶稣基督的二性二位说①而被以弗所会议谴责为异端，这些聂斯托利派的教徒逃到波斯，从那里开始向东旅行，宣扬他们的福音，他们做得非常成功，以至于福音所用的文字取代了伊斯兰教传播依赖的阿拉伯文字，从而成为那些地方的主要文字；④与亚兰文下属的文字相比，阿

① 四世纪末、五世纪初产生的一派基督论学说，承认基督兼具神、人二性。

拉伯文字更接近叙利亚文，呈现出先知的进取精神，他们用优美流畅的阿拉伯文字抄写经文，它消灭了自己的同伴闪米特文字，“将希腊字母从小亚细亚、色雷斯、叙利亚和埃及驱逐出去，将拉丁字母从北非驱逐出去，现在被1亿多人使用”。《古兰经》的字母中记录了东方的贸易往来，这样看来，在世界历史上，如果说“贸易跟着旗帜走”，那么字母则跟着宗教走。

所谓的“阿拉伯数字”很可能起源于印度，是由阿拉伯商人从东方带来的，并在中世纪由他们引入西班牙，在那里传播到欧洲，大约从11世纪开始在英国被人使用。但它们究竟是印度人发明的，还是印度人从希腊人或其他西方商人那里借来的，我们就不得而知了。用手指计数是最原始的计算方式，用笔画计数则是一种仍在流行的计算方法，这两种方法都有其局限性（更不用说用鹅卵石、豆子和算盘计数了），因此，有人发明出高等数字的书写符号，或采用字母表中的字母作为数字符号，字母的顺序越靠后，数值越大，或者用单词本身的首字母来表示数字。埃及和亚述人的记录中就有表示几十、几百等特殊符号的例子，如图70、图71所示：

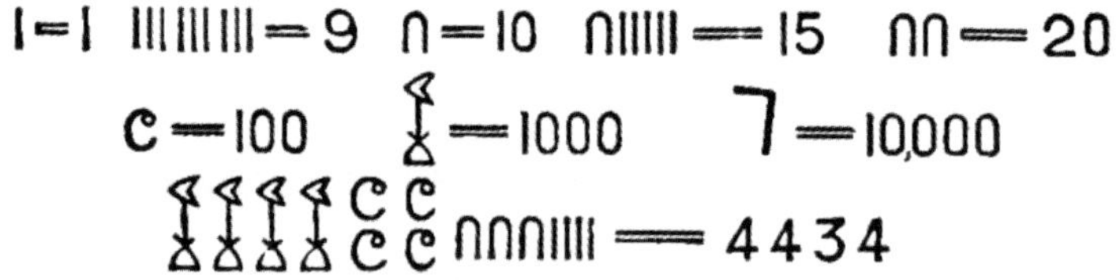

图70　埃及计数法

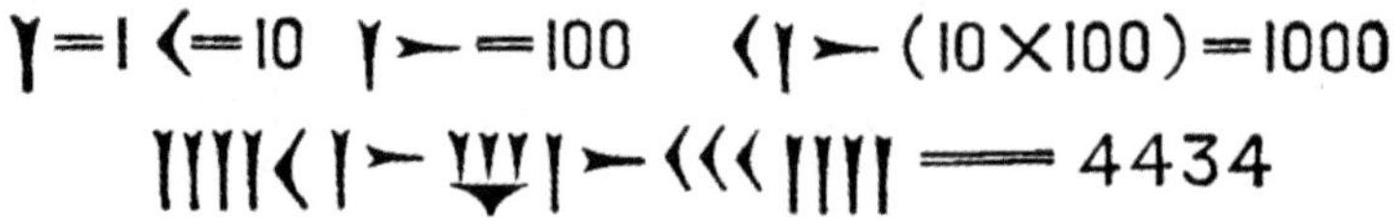

图71　亚述计数法

在赞美诗（使用希伯来字母）的第119和第145部分以及“伊利亚特”的书（使用希腊字母）中，我们能看到以字母顺序或离合体顺序来使用字母的例子。那个字母表还提供了截头表音法的说明，例如 Π = Πέντε 代表5，Δ = Δέκα 代表10，H（表示 Ἑκατον 中的浊音的旧符号）代表100；X = Χίλιοι 代表1000；Π和Δ（=5 × 10）代表50。希腊人和希伯来人采用了一种更巧妙的方法，把字母分成3组：第1组代表个位数，第2组代表十位数，第3组代表百位数。虽然“阿拉伯数字”一开始就遭到了反对，直到15世纪，它们的使用还仅限于书籍和数学公式之中，但与烦琐的罗马数字相比，它们使用起来便利得多，最终被人们普遍采用。1882年1月28日，卡农・泰勒在向学院做报告时提出建议，对它们进行修改，从第164页我借用的表格①中可以看到这一修改，但关于它们的起源问题仍然没有解决。

当时的人们比那些生活得更为从容的前人们更看重“时间就是金钱”，他们发明了为数不多的数字，用来记录世界上的商业活动。也许更令人钦佩的是设计了“零”或“0”（阿拉伯语sifr，意为“空的”）的天才，如果没有“0”，计算和记录工作将繁重得耗尽我们全部的精力，让人无法承受。

巴列维、亚美尼亚和格鲁吉亚字母是通过波斯文或伊朗文衍生而来，源头是阿拉米字母。作为袄教的圣书文字，巴列维字母一直有其利用价值，但亚美尼亚文和格鲁吉亚文，加上三四个希腊字母，就失去了存在的意义，只能作为幸存下来的古代波斯文字的代表。我们在这里应将印度—大夏字母作为伊朗文后裔的一种参考资料，特别是因为它是著名的阿育

① “借用的表格”指“引用报告中的表格”。

王（第一位皇室佛教徒）法敕（刻在白沙瓦附近的一块岩石上）上雕刻的文字。

阿拉伯的零						印度—大夏字母（公元前2世纪和1世纪）
欧洲数字		戈巴尔数字	印度数字			
14世纪	12世纪	阿拉伯	10世纪	5世纪	1世纪	构思的原型

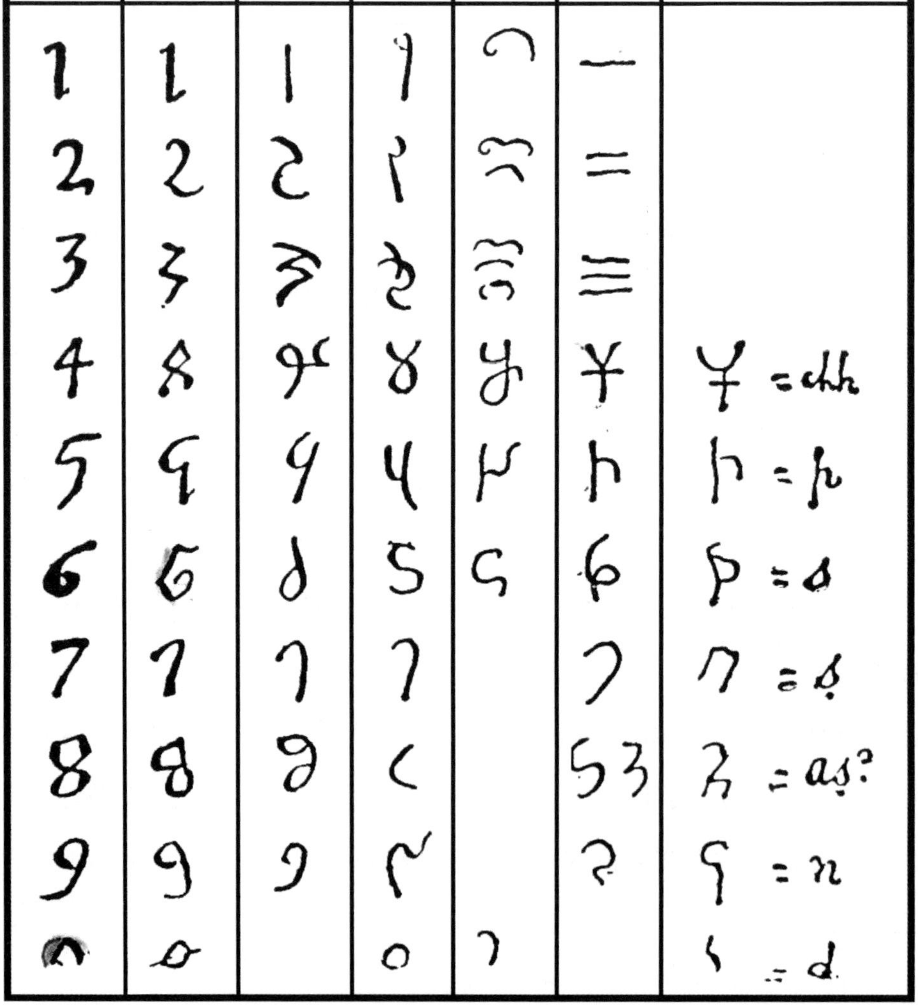

2. 塞巴文字（来自示巴）或希米亚里特文（来自希米亚，希米亚里特人的同名英雄）属于南方闪米特字母表的类别之下。埃塞俄比亚文字或阿姆哈拉文字的早期阿比西尼亚字母就来源于它，这就是其重要性所在。印度字母也来源于此，其数量为现在仍在使用的字母的一半以上，详细说来，它们“需要的空间与它们可能拥有的价值完全不成比例，它们只对极少数专家来说是有用的”。这是卡农·泰勒忽视它们的借口，他只用了十分简洁的篇幅来介绍，在他作品的第十章中有关于它们的枯燥总结。就现在的目的而言，表中列出的字母表已经足够。

3. 古希腊字母。在腓尼基字母向西传播的过程中，希腊人碰巧首先接受了它。亚洲和马来群岛的各种文字都源于腓尼基字母，依然保留着它的辅音字符，而元音只有部分指示作用。希腊人在大师的指点下，增加了单独的字母来代表元音，将它塑造得相对完美，这样一来，人类每个能听见的声音都有一个可视化的符号。除此之外，他们还为一些多余的颚音和咝音找到了新用途，简化了其他字符，并最终将闪米特文字的书写方式由从右到左转变为从左到右。希腊字母及其派生字母的这些和其他变化都是慢慢发生的，几乎察觉不到。我们可以将达尔文形容植物和动物的短语“后代渐变”应用到世界上各种文字的演化中，文字历史上的这个特点与生物变化的特点大体上差不多。当进化到一定阶段，我们自己的字母就会出现发展停滞的情况，这主要是因为印刷术的发明。自然界可能以完美为目标，但又对适应感到满意，而按照斯多葛学派的箴言，人的作品只有“与自然相一致”，才能保留下来。

衍生自古希腊字母的有希腊文、俄文、哥普特文和拉丁文。

希腊文　古希腊并不是一个明确的国家，它只是希腊人的住所，无论是士麦那、叙拉古、雅典，还是任何可以找到希腊人的地方，都可以被称作古希腊。希腊多山的特点使得它被划分为一群小国家，其中许多小国家还没有一个现代城镇大。这与亚里士多德的观点是一致的，即国家的面积不应超过演说家的声音所能传播的范围。各民族物理上的分离解释了他们在政治上的分裂，这自始至终都是古希腊埋下的祸根，也是造成40种地方字母不一致的原因。但是在波斯入侵之时，马拉松和萨拉米斯的胜利使得他们形成了同一个祖国的概念，雅典崛起之后建立了联邦，她的智力优势使得其中一种字母表占据了支配地位。这导致这些文字分成了两个主要类别，即爱奥尼亚文字（科林斯文字可能包括在内）和哈尔基斯文字。爱奥尼亚文字是在著名的殖民地爱奥尼亚发展起来的，与哈尔基斯文字相比，更多地偏离了腓尼基文字的风格。公元前483年，它被雅典采用，成为希腊的经典字母。希腊字母又派生出斯拉夫字母、哥普特字母和其他字母，而哈尔基斯字母则派生出了西欧字母。

俄文　一个奇特而又值得信赖的传说叙述了希腊字母是如何传入俄罗斯的。保加利亚的大主教约翰（John）在9世纪时写道："从前，斯拉夫民族没有书籍，但他们通过木头上雕刻的图画和形象来阅读和占卜，他们是异教徒。受洗后，他们被迫用希腊和拉丁字母书写他们的斯拉夫语，没有任何固定的规则。但他们怎么能用希腊字母把Bog、Zhivot、Zelo和Tserkov这样的单词写好呢？许多年过去了。热爱人类的上帝怜悯斯拉夫人，给他们派来了哲学家圣康斯坦丁，他叫西里尔，是一个公正、诚实的人，他为斯拉夫人创造了一个由38个字母组成的字母表，其中有些是希腊字母，有些是根据斯拉夫语创造的。"斯拉夫语的各种读音包括西里尔字母表中增加的10个字符，尽管这个数字后来减少了，但俄文字母仍然是最复杂和最笨拙的字母。

哥普特文 更准确地说是在罗马人的统治下的埃及哥普特文字。由于恺撒·奥古斯都当上了埃及的行政长官，希腊字母盛行起来，当地的基督徒在抄写哥普特文版的《圣经》时，使用了希腊字母，借用了大约6种古埃及通俗体符号来表达希腊语中没有的声音符号。但是，就像在所有伊斯兰教国家中一样，阿拉伯文已经取代了哥普特文，而哥普特文现在仅被用于宗教仪式之中，“也许在教堂服务中使用的牧师都不知道它的意思，就算知道也是略懂皮毛”。

拉丁文 这无疑是所有字母中最重要的一种。如上文所述，它源自古希腊字母的哈尔基斯文字类型，之所以这样称呼它，是它在爱琴海中埃维厄岛的哈尔基斯使用，那里的居民移居到了意大利南部的几个希腊殖民地之一。作为最古老的意大利文字，它模仿希腊字母的老方法，从右到左书写，殖民者首先使用的是常见的声音符号和数字，我们有很好的理由认为，他们将希腊字母引入意大利的时间为大约公元前8世纪。除了拉丁文之外，各种衍生的文字——翁布里亚文、奥斯肯文、伊特鲁里亚文和其他文字——都已经消失了。最终，拉丁文取得主导地位，这导致除了他们自己的字母表之外，所有其他字母表都被废除，拉丁字母成为罗马帝国的字母，然后成为基督教世界的字母，这确保了它永恒的至高无上的地位。它是希腊和罗马文化传播到西欧的交通工具，也是世界上所有进步民族的文化载体。虽然与希腊字母基本相同，但它有自己的发展路线，与斯拉夫字母相比，它要简单得多。根据我们的发现，最早的印欧语或“雅利安语”包含12个辅音和3个元音（i、a、u），拉丁文在这3个元音之后又加上了e和o。它一开始没有采用希腊字母K，而是用C来表示K和g的发音，但后来又在

C的下端加上一横，把它变成了G。类似地，R是P的一个变体，只是在P的拐点下面加上一笔。后来的希腊字母没有采用Q，而拉丁字母则保留了它。在没有解释导致形式改变的原因的情况下，引用这些会令人困惑，在这里解释专业性太强（例子请参阅泰勒，第二章，第140页），也许给出几个古老和更新的拉丁字母和希腊字母之间变体的例子就足够了。

帝国早期，罗马人使用两种文字，大写字母和手写体。大写字母为方形或者粗俗体，即稍有装饰的字母。它们被用于书写铭文和其他需要公布的文章，现在我们使用的大写字母是借用了古罗马的形式。手写体或连续字符是我们小写字母的原型，被用于通信和其他需要快速书写的场合，有时还会用到缩写，是我们现代“速记”的前身。从这种手写体中产生了各种各样的手写体，其中最重要的是爱尔兰的“半安色尔体”。那个岛上出现这种文字是笔迹学领域的难题之一。“爱尔兰人是不可能创造出这种字体的。然而，到了公元6世纪，爱尔兰突然成为西方书法的主要流派，而所谓的爱尔兰安色尔体大放异彩，成为中世纪所有书法作品中最瑰丽的存在。似乎只有一个可能的结论。在5世纪的某个时候，圣帕特里克（St. Patrick，公元432—458年）肯定引进了一套完整的‘书手[①]’，毫无疑问，这套字体是从高卢引进的，因为圣帕特里克在那里接受了圣职。这一定是在爱尔兰的修道院中逐渐形成的一种书法文字。当时，爱尔兰的修道院相对来说不受日耳曼侵略者的迫害，后者在5世纪蹂躏了意大利、高卢和西班牙。”（泰勒，第二章，第173页）

最终的拉丁和希腊字母形式与更古老的字母原型的对比见下表：

---

① 罗马字母的小写字母版本。

与旧字母表中的原型相比，最终的拉丁语和希腊语形成

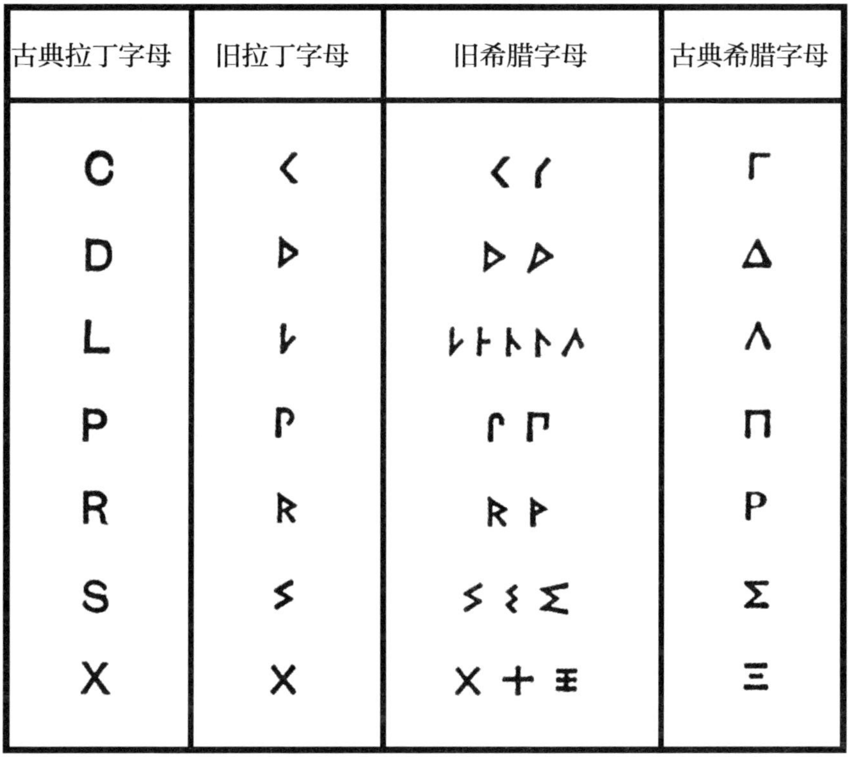

爱尔兰僧侣将它引进了诺森比亚，随着时间的推移，由它衍生出了“卡洛琳小写字母”。查理曼大帝统治时期，这种字母被约克的阿尔昆（Alcuin of York，18世纪的著名学者，也是国王的朋友）在图尔斯创办的一所著名学校里推广起来。由于字迹清晰，还可被压缩到一个小空间之内，它发展得很快并迅速流行起来，直到12世纪末衰落下去，结果被丑陋的“黑体字”所取代。在人们发明活字印刷之后，“黑体字”出现了，并且在整整一代人中占据了统治地位。它是对僧侣手稿中粗体字的模仿，直到16世纪早期，它们在英国才被罗马字母取代，而罗马字母的基础是卡洛琳小写字母。写到这里，我们已经来到了“小教堂”的门槛旁，我们必须追

溯自己的脚步，简要地考察一下为使拉丁字母适应英文的要求而引入的少数变化。这些都能在从卡农·泰勒的书（《字母的历史》，第一卷，第72页）中借来的表格之中看到。字母的顺序（这是字母表历史上一个无法解释的问题）与腓尼基字母的顺序相近，它们的名称与拉丁字母名称遵循相同的原则。看看表格，我们就能注意到，我们的字母在语音上发生了某些变化，像把拉丁字母I变成I和J，将VV或UV变成两个U=W。盎格鲁-撒克逊字母表中的部分字母起源于罗马字母，一部分则是爱尔兰字母，它们从古代北欧文字中借用了两个有用的字符，Ƿ=w，名为“wen”，Ƿ=th，名为“thorn”。在一段时间里，它曾是英语字母表的一部分。最近，在“the”的印刷中，“thorn”又以y^e的形式出现了，作为一种古体替用字，结果，那些看到它的变化的人都会犯发音上的错误。Y和Z都是后来从希腊字母引入到拉丁字母中的舶来品，只在希腊语的借词中使用，表示希腊语特有的读音，因此，作为新来者，它们出现在字母表的末尾。

英语字母系谱

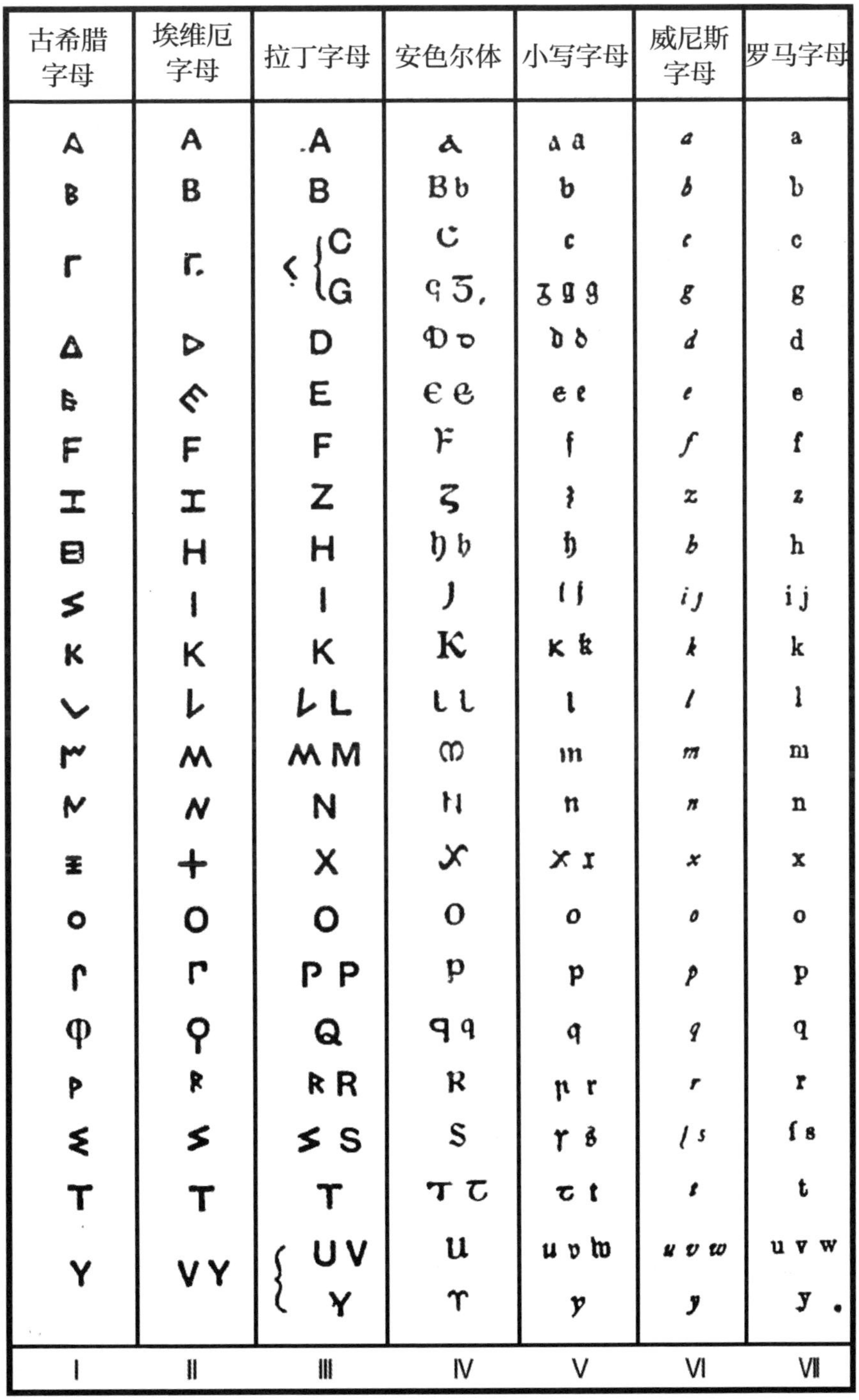

我们的一些字母毫无用处，K使C变得多余，Q和X对我们的用处就像它们对罗马人的用处一样。所以，在实际应用中，我们只有23个字母，用来表示至少32个发音。因此，我们的字母表就像我们的拼写（总是与我们的发音不一致，让学生和外国人感到困惑）一样，缺乏一致的规则。然而，这样的一套符号可应用且已有了立足之地，印刷术又使其地位更加牢固，它不可能受到任何标志着口语进程的语音变化过程的干扰。印刷术也要归功于笔迹上的修改，这些修改区分了过去和现在的笔迹。正如我们看到的那样，当德国人还在被令人眼花缭乱的黑体字所束缚时，我们已采用了清晰的罗马字体，解放了自己。因此，一直盛行到16世纪的密密麻麻的字体消失了，我们只能在一些法律文件和少数艺术书籍中见到它们的身影。所以今天的手写字体（无论字迹是否优美，我们每个人都用自己的特色塑造着它）——我们在学校里从“初学时写的字”到从最盛行的“箴言”习字帖里学到的手写字体——与印刷字母来自同一个源头。

第十一章
卢恩文字和欧甘文字

卢恩字母起源于斯堪的纳维亚人，很可能是他们从其他文字改编而来的，因为我们还没有发现它们可能衍生自任何象形文字的踪迹。有些学者认为它们是从“腓尼基字母”衍生而来，也有人说它们来自拉丁字母。卡农·泰勒有一个明确的理论，即这是一种退化了的希腊字母，因为公元前6世纪，哥特人聚居在波罗的海以南和维斯杜拉河以东的地区，他们与黑海以北的希腊殖民者有贸易往来，也许很容易就能掌握关于希腊字母的知识。然而，卢恩文字的起源问题仍然没有解决，而且很可能会一直无法解决。

锐利、棱角分明的外形证明这些文字是被刻在木头、石头或某些坚硬的材料上的，并且我们还能在已被发现的为数不多的手稿中找到它们的身影。原始的哥特字母表（前6个字母分别为f、u、th、o、r、c）根据截头法音表的原则被命名为“futhorc”（意为“古北欧字母表”）。它被分为3个部分或家族，每个家族以该家族首字母命名，即弗雷家族、哈格尔家族和泰尔家族，如同图72所示，该图摘自格特鲁德·罗林斯小姐写的关于卢恩文字的一篇文章（《知识》，1896年10月1日）。

斯堪的纳维亚文字、盎格鲁文字和马恩岛的卢恩文字是这种最古老文字形式在当地的变体。卢恩铭文（碑文和墓文）分布范围广泛，分布地域非常独特。它们在多瑙河流域被人发现，但德国境内没有；美洲也有，但爱尔兰没有；马恩岛有它们的踪迹，但威尔士没有——这就证明了它们的分布地域仅限于斯堪的纳维亚人的移民路线之内。

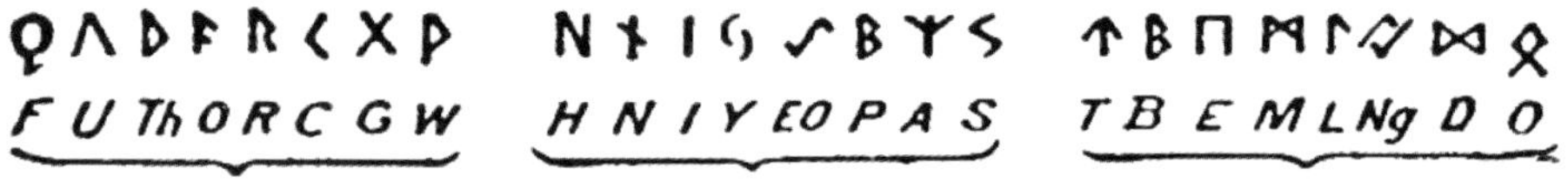

图72　卢恩字母

最古老的卢恩铭文是在肯特郡的桑德维奇发现的，其中一个特别有趣的例子是刻在邓弗里斯郡著名的鲁斯维尔十字碑上的一首诗《圣十字架之梦》，作者是7世纪的牧民诗人凯德蒙。维京人早期航行到了文兰[1]，也就是他们所称的美洲，波托马克河畔的一块岩石上刻着一篇以卢恩文字写成的墓志铭，就是明证。铭文这样写道："这里长眠着来自冰岛西部的美丽女子赛娅希，科尔的遗孀，索尔的妹妹，终年二十五岁。这些文字由她的父亲所刻。愿上帝怜悯她。"在北欧人皈依基督教的过程中，他们的旧字母被拉丁字母取代，但这是在哥特人的主教乌尔菲拉斯把一些字母编入复合文字之后发生的，他那著名的福音书译本中就用到了这种复合文字。这份漂亮的手稿将金色和银色字母印在紫色牛皮纸上，很值得去乌普萨拉大学看一看。

① 原文为"vineland"，意为适宜种植葡萄之地。

奇特的欧甘文字也许可以追溯到公元5世纪，它的使用并没有扩展到英伦三岛以外。一些学者认为它们衍生自卢恩文字，但其特征表明，它们更有可能是对罗马字母的粗劣模仿。按照该领域最具权威的里斯教授（Professor Rhys）的说法，欧甘可能意指“对单词的熟练使用”。欧甘字母就是在水平线条或垂直线条的上方和下方画竖线或斜线，或者画穿过这两种线的竖线或斜线。字母被分为四组，每组包含5个字母：第一组为B、L、F、S、N，位置在线条（假设为水平线条）下方；第二组为H、T、D、C、Qn，位置在线条上面；第三组为M、G、Ng、F（？）、R，对角穿过线条；第四组包含元音A、O、U、E、I，与线条相交成直角。卡农·泰勒认为欧甘文字是雕刻师根据需要对卢恩文字做的改编，“用刀在方形支柱的边缘刻出的痕迹，取代了普通的卢恩文字”。他还认为我们能从以下事实中看出欧甘文字是从卢恩文字中衍生出来的，即它们的名称与拥有对应意义的卢恩文字的名称相同，而且它们只出现在斯堪的纳维亚人定居的地区。里斯教授认为它们“可能是一个熟悉罗马文字的语法学家的作品，但这个语法学家非常骄傲，又不愿意直接采纳罗马文字”。爱尔兰存在着大量的以欧甘文字雕刻的铭文，其他的则散分在苏格兰、威尔士和英格兰西南部地区。

人们或许会认为，任何对字母表历史的调查，不管细节多么简略，处理方式多么通俗，都能勾勒出26个字母的起源和变化的故事。对于说英语的种族来说，这些字母是交流的工具和知识的宝库。但是，也许我说得已经足够多了，能为这张字母衍生表提供充分证据的信息还没有出现，而且可能永远都不会出现。最合理的理论（由德罗杰先生提出）认为，人类的智慧（由似乎结合在一起的一组事实证明）是可以设计出来的。但我们已经看到，在爱琴海发现的铭文材料，使得他那表面上基础稳固、条理清晰的理论不再站得住脚。史前人类在悬崖表面、石板或骨头碎片上刻下了粗糙的象形文字，字母从此开始形成，然而，对250种字母进行编目并没有任何收获。这些字母中大约有50种幸存下来，其中约有一半是在印度发现的，但无论它们的历史价值如何，它们的使用都极受限制，仅在当地使用。其余的主要是3种文字，即罗马文、阿拉伯文和中文的变体，回顾整个世界的发展进程，就能发现，毫无疑问，罗马文字作为人类先进种族的文化载体，依然保持着绝对优势，并继续扩大影响力。

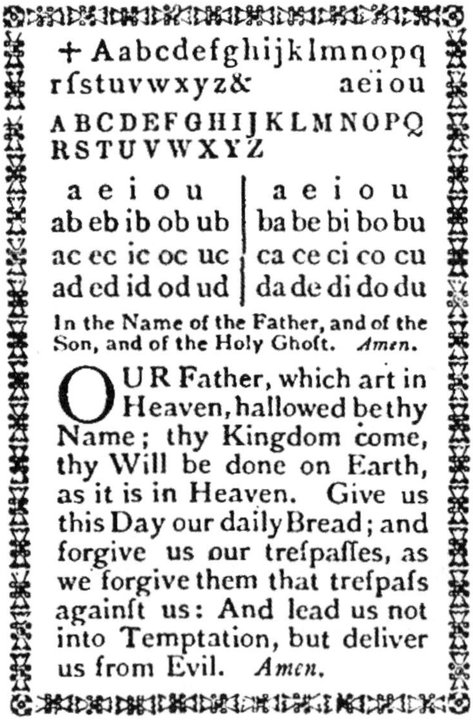
+ Aabcdefghijklmnopq
rſtuvwxyz&　aeïou
ABCDEFGHIJKLMNOPQ
RSTUVWXYZ

a e i o u	a e i o u
ab eb ib ob ub	ba be bi bo bu
ac ec ic oc uc	ca ce ci co cu
ad ed id od ud	da de di do du

In the Name of the Father, and of the Son, and of the Holy Ghoſt. *Amen.*

OUR Father, which art in Heaven, hallowed be thy Name; thy Kingdom come, thy Will be done on Earth, as it is in Heaven. Give us this Day our daily Bread; and forgive us our treſpaſſes, as we forgive them that treſpaſs againſt us: And lead us not into Temptation, but deliver us from Evil. *Amen.*

霍恩书，

曾作为通用的入门读物

（现在非常稀少，一本品相良好的能卖到20英镑以上）